ISÖ
Institut für
Sozialökologie

ISÖ-Text 2018-1

Zukunftsszenario Altenhilfe Schleswig-Holstein 2030/2045

Ergebnisbericht

Michael Opielka / Sophie Peter

ISÖ – Institut für Sozialökologie gemeinnützige GmbH
ISÖ – Institute for Social Ecology non-profit company

Wir bedanken uns bei den ZASH2045-Unterstützern:

Diakonisches Werk Schleswig-Holstein (Auftraggeber)

Diakonie Altholstein

DiakonieStiftung Schleswig-Holstein

Stiftung Diakoniewerk Kropp

Kirchenkreis Nordfriesland

Kirchlicher Dienst in der Arbeitswelt

Kirchenkreis Plön-Segeberg

Landesverein der Inneren Mission in Schleswig-Holstein

Bibliographische Information der Deutschen Nationalbibliothek:

Die Deutsche Nationalbibliothek verzeichnet diese Publikation in der Deutschen Nationalbibliographie; detaillierte bibliographische Daten sind im Internet unter http://dnb.dnb.de abrufbar.

Herstellung und Verlag:

BoD – Books on Demand, Norderstedt

ISBN: 978-3-75285-789-4 (Paperback)
978-3-75285-791-7 (gebunden)

ISÖ-Text 2018-1

Zukunftsszenario Altenhilfe Schleswig-Holstein 2030/2045

Ergebnisbericht

Michael Opielka / Sophie Peter

Mit Beiträgen von Landespastor Heiko Naß, Prof. Dr. Thomas Klie, Prof. Dr.-Ing. Andreas Schrader und Dr. Astrid Könönen

Siegburg, 3. Mai 2018

ISÖ - Institut für Sozialökologie gemeinnützige GmbH

Ringstraße 8, 53721 Siegburg

Tel.: +49 (0) 2241 1457073, Fax: +49 (0) 2241 1457039, E-Mail: info@isoe.org, Web: www.isoe.org

Coverabbildung: Wiedemann, Robert auf https://unsplash.com/photos/D5OzyJ71mLl

Die AutorInnen:

Prof. Dr. habil. Michael Opielka, Dipl. Päd., ist Wissenschaftlicher Leiter und Geschäftsführer des ISÖ – Institut für Sozialökologie gemeinnützige GmbH und Professor für Sozialpolitik an der Ernst-Abbe-Hochschule Jena

Sophie Peter, M.Sc., ist Junior Researcher im ISÖ – Institut für Sozialökologie und Doktorandin an der J.-W.-v.-Goethe Universität Frankfurt

Wir danken für kritische Hinweise den Mitgliedern der Steuerungsgruppe des Projektes, Landespastor Heiko Naß, Dr. Johannes Peter Petersen und Marlen Vogel, den Mitgliedern des Projektbeirates, insbesondere Jörn Engler, sowie Dr. Michaela Schwarzbach, Prof. Dr. Erich Schäfer, Franz Hiss und Prof. Dr. Ulrich Otto.

Inhaltsverzeichnis

Zusammenfassung 3

1 Einleitung – Ausgangslage, Fragestellung, Überblick 7

2 Die Entwicklung der Zukunftsszenarien 15
2.1 Die sieben Trendanalysen 17
2.2 Zukunftswerkstätten 31
2.3 Online-Erhebung 37
2.4 Ergebnisse 52
2.5 Meilensteine der Zukunftsszenarien 64

3 Die Zukunftskonferenz 66
3.1 Programm der Zukunftskonferenz 73
3.2 Einführung und Innovationsbeiträge 74
3.2.1 Einführung von Landespastor Heiko Naß (Diakonisches Werk Schleswig-Holstein) 74
3.2.2 Innovationsbeitrag von Prof. Dr. Michael Opielka (ISÖ) für den Zukunftstalk
      „Sozialsysteme" 76
3.2.3 Innovationsbeitrag von Prof. Dr. Thomas Klie (Ev. Hochschule Freiburg) für den
      Zukunftstalk „Pflege und Pflegeerbringung" 85
3.2.4 Innovationsbeitrag von Prof. Dr.-Ing. Andreas Schrader (Univ. Lübeck) für den Zukunftstalk
      „Technologie (& Wohnen)" 92
3.2.5 Innovationsbeitrag von Dr. Astrid Könönen (Ramboll Management Consulting) für den
      Zukunftstalk „Mobilität" 97
3.3 Ergebnisse der Mentimeter-Befragung 103
3.4 Ergebnisse aus den Zukunftsinseln 104
3.4.1 Zukunftsinsel 1 (Sozialsysteme) 105
3.4.2 Zukunftsinsel 2 (Pflege und Pflegeerbringung) 106
3.4.3 Zukunftsinsel 3 (Technologie) 106
3.4.4 Zukunftsinsel 4 (Mobilität) 107

4 Das Zukunftsmanifest - Ergebnis der Zukunftskonferenz 108

5 Zusammenfassende Auswertung 115

6 Ausblick und Empfehlungen zum weiteren Vorgehen 127

7 Literaturverzeichnis 134

Abbildungsverzeichnis

Abbildung 1: Ablaufplan Projekt "Zukunftsszenario Altenhilfe Schleswig-Holstein 2030/2045" (ZASH2045) 8

Abbildung 2: Strukturtrends und Gestaltungstrends für die Zukunft der Altenhilfe 8

Abbildung 3: Die finale morphologische Matrix mit den vier Szenarien nach der ersten Zukunftswerkstatt 10

Abbildung 4: Sechs Schritte der Szenario-Technik und Methoden im Projekt ZASH2045 16

Abbildung 5: Methodenmix des Projekts ZASH2045 17

Abbildung 6: Interaktions-Netzwerk der Trendanalysen mit den SDGs 29

Abbildung 7: Vergleich der finalen Utopie-Szenarien in Rickling und Garding (1. Workshop-Welle) 33

Abbildung 8: Ablauf der zweiten Zukunftswerkstatt 36

Abbildung 9: Dreistufiges lineares System der Online-Beteiligung ZASH2045 38

Abbildung 10: Vergleich der Ergebnisse zum Thema (zukünftiger) Ruhestand 44

Abbildung 11: ISÖ-ZASH2045-Altersbild-Score 46

Abbildung 12: Finale morphologische Matrix der Stufe 3 Online-Beteiligung 49

Abbildung 13: Daseinsvorsorge in den Laborregionen, absolute Zahlen 51

Abbildung 14: Vier normative Szenarien und deren relevante Folgen für die Altenhilfe auf einen Blick 53

Abbildung 15: Bewertung der Szenarien 1-4 54

Abbildung 16: Die finalen Zukunftsszenarien S1^2 und S4^3 61

Abbildung 17: Generierung von Szenario 1^2 62

Abbildung 18: Generierung von Szenario 4^3 63

Abbildung 19: Räumliche Gestaltung der Zukunftskonferenz 69

Abbildung 20: Titelbild des Programmheftes zur Zukunftskonferenz 71

Abbildung 21: Modell Grundeinkommensversicherung (GEV) – Leistungen und Beiträge 83

Abbildung 22: Einstellung der Bevölkerung zum Grundeinkommen 84

Abbildung 23: Pflegebedürftige 2015 nach Versorgungsart 86

Abbildung 24: Unterstützungsmanagement und Systemmanagement in der Altenhilfe 88

Abbildung 25: Mobilitätsbedürfnisse 98

Abbildung 26: Multifunktionale Mobilitätsangebote 99

Abbildung 27: Mobilitätsachsen 100

Abbildung 28: Mobilitätslösungen 101

Abbildung 29: Vernetzung und Kooperation 103

Abbildung 30: Nach Schnittstellengrad gewichtetes Interaktionsnetz relevanter UN-Nachhaltigkeitsziele zum Thema Altenhilfe mit den sieben ZASH-Trends 114

Abbildung 31: Organisationszyklus des Projekts ZASH2045 116

Zusammenfassung

Wie können wir überall alt werden? Mit dieser programmatischen Frage nach den künftigen Bedingungen des Alterns, vor allem im ländlichen Raum, initiierte das Diakonische Werk Schleswig-Holstein im Sommer 2016 ein auf eineinhalb Jahre angelegtes Projekt der Zukunftsforschung und Zukunftsgestaltung. Wissenschaftlicher Partner war das ISÖ – Institut für Sozialökologie in Siegburg. Das Projekt sah zwei Laborregionen vor, die Kreise Segeberg und Nordfriesland.

Sieben Trendanalysen auf der Grundlage von über 20 ExpertInnengesprächen und einer umfassenden Literaturanalyse führten zu einer Unterscheidung in drei Strukturtrends (Demographischer Wandel, Wertewandel, soziale Veränderungen), die gesellschaftliche Rahmenbedingungen mit sehr begrenzter politischer und wohlfahrtsverbandlicher Einflussnahme markieren, und vier Gestaltungstrends (Sozialsysteme, Pflege und Pflegeerbringung , Technologie, Mobilität), auf die sich das Projekt im Fortgang konzentrierte. In zwei ersten Zukunftswerkstätten im März 2017 wurden die sieben Trendanalysen mit Hilfe einer morphologischen Matrix über jeweils fünf Ausprägungen in insgesamt 35 Teilszenarien untergliedert, die von den TeilnehmerInnen in mehreren Arbeitsschritten auf je zwei utopische (Szenario 1 und 2) und dystopische (Szenario 3 und 4) Szenarien konzentriert wurden. Diese bildeten die Grundlage einer von Juni bis August 2017 laufenden Online-Befragung. Die Trendanalysen und der Projektprozess wurden in einem umfangreichen Zwischenbericht im Juni 2017 veröffentlicht.

Die Ergebnisse und die Methodik der Online-Befragung wurden ebenfalls öffentlich zugänglich dokumentiert und bildeten die Grundlage für zwei weitere Zukunftswerkstätten im September 2017. Dazu wurden die vier Szenarien auf zwei Szenarien verdichtet, auf ein utopisches (wünschenswertes) Szenario („Autonomie und Prävention in der Altenhilfe") und ein dystopisches (eher befürchtetes) Szenario („Altenhilfe geprägt durch Individualisierung und Rückzug des Staates"). Die überraschende Erkenntnis der Auswertung der Online-Beteiligung war eine Gegenläufigkeit der „wünschenswerten" und „wahrscheinlichen" Szenarien. Die überwiegend als „wünschenswert" bewertete

Zukunft galt zugleich mehrheitlich als wenig „wahrscheinlich". Ziel dieser Workshops war daher die Entwicklung von Transfers, von Umsetzungsstrategien vor allem des wünschenswerten Szenarios. Dabei fiel auf, dass auch die mentalen Beharrungskräfte erheblich sind. Es erwies sich als außerordentlich schwierig, das „eigentlich" als wünschenswert bezeichnete Szenario konkret zu denken. Ergebnisse und Methodik der beiden Workshop-Wellen sind ebenfalls veröffentlicht.

Zur Förderung der Partizipation aller Beteiligten wurde ein „Zukunftsmanifest Altenhilfe Schleswig-Holstein 2030/2045" entwickelt, das ab Anfang 2018 online zur Diskussion stand und auf der Zukunftskonferenz am 14. Februar 2018 in Rendsburg verabschiedet wurde. Das Zukunftsmanifest formuliert konkrete Handlungsschritte für alle vier Gestaltungstrends. Die Zukunftskonferenz war hinsichtlich der Teilnahme-Resonanz ein außerordentlicher Erfolg.

Angesichts der zunehmenden Versäulung institutioneller Strukturen in den unterschiedlichsten gesellschaftlichen Bereichen wird im Interesse der Zukunftsfähigkeit unserer Gesellschaft verstärkt eine sektorenübergreifende Kommunikation zwischen Politik, Gesellschaft und Zivilgesellschaft benötigt. Genau hieran mangelt es gerade mit Blick auf die Altenhilfe noch. Diese Begrenzung wurde im Projekt zwar mehrfach thematisiert, konnte jedoch angesichts der Laufzeit des Projektes und des Beharrungsvermögens von Organisationsstrukturen nicht überwunden werden. Auf diesen Aspekt sollten künftige derartige Projekte noch ein größeres Augenmerk legen.

Der gesamte Projektprozess kann als ein Versuch verstanden werden, im komplexen System der Altenhilfe das Gegenwärtigsein von Zukunft zu ermöglichen. Zukunftskeime und Zukunftsprojekte wirken einerseits ermunternd, weil sie konkret, praktisch und damit für eher am Rand im Projekt Involvierte verständlich sind. Andererseits aber bleiben das Problem der Ungleichzeitigkeit von Erfahrungsniveaus der Beteiligten, von denen nur wenige am gesamten Prozess beteiligt sind, und die Tatsache, dass ein exemplarisches Zukunftsprojekt eben noch nicht ganzheitlich ist und bisweilen auch als „Kopfgeburt" abgetan wird. Die „Kleinen Zukunftsprojekte" können daher als erste Schritte verstanden werden, um eine wünschenswerte Zukunft wahrscheinlich werden

zu lassen. Sie müssen jedoch in einer ganzheitlichen Strategie verankert sein: Austausch zwischen den Projekten, eine prozessorientierte Evaluation, klar definierte Projektziele und Bereitschaft wie Infrastruktur, um andere best-practice Beispiele aufzugreifen. Diese Projekte leben von Partizipation und der Motivation, die eigene Zukunft mitzugestalten.

Das Projekt ZASH2045 bezog sich ausdrücklich auf ein zukunftsweisendes und optimistisches Verständnis von „Sozialer Nachhaltigkeit", wie es von den UN mit den Nachhaltigkeitszielen (SDGs) vertreten wird. Im „Zukunftsmanifest" wurden operative Schritte hin zu einer wünschenswerten Zukunft formuliert, die nun mit Folgeprojekten in innovativen Gemeinden ausprobiert werden sollen. Ziel muss sein, dass das Feld der Altenhilfe künftig weit stärker als bisher gemeinwohlorientiert aufgestellt wird. Das Projekt konnte exemplarisch zeigen, dass dies dem Wunsch der weit überwiegenden Mehrheit der Bürgerinnen und Bürger entspricht.

Zentrale Meilensteine für die Entwicklung der beiden Zukunftsszenarien waren damit:

- ➢ Zentrale Erkenntnis ist, dass unsere Zukunft gestaltbar ist, wenn wir in Aktion treten. Dabei wirkt die Szenarioanalyse als Katalysator.
- ➢ Durch die mediale Präsenz eines Projekts wird dessen Streuungsweite vergrößert. Davon profitiert auch der partizipative Ansatz, um ein gemeinsames, wünschenswertes Szenario zu entwickeln.
- ➢ Empirische Daten sind Fundament der Entwicklung von Zukunftspfaden.
- ➢ Die erhobenen Daten zeigen ein positives Bild auf das eigene Alter.
- ➢ Ein positiver Gestaltungsentwurf für ein gutes Leben im Alter gelingt. Das ist angesichts grassierender Zukunftsskepsis eine bedeutende Leistung.
- ➢ Zwischen unwahrscheinlich und unrealistisch besteht ein signifikanter Unterschied. Dennoch bleibt es eine große Herausforderung, das wünschenswerte Szenario auch als wahrscheinlich zu denken und dann zu wollen.
- ➢ Regionale Konzepte müssen im Einklang mit globalen Zukunftsstrategien stehen, beispielsweise der UN-„Agenda 2030" und dem Prinzip „Denke global, handle lokal".
- ➢ Die Vernetzung von Zukunftsprojekten muss so gestaltet und lebendig werden, dass jedes einzelne Projekt als Teil eines größeren Ganzes erfahrbar wird.

Die wichtigsten Ergebnisse des Projektes noch einmal zusammengefasst

Wie können wir überall alt werden? Der Beantwortung dieser Frage stellte sich das Diakonische Werk Schleswig-Holstein mit wissenschaftlicher Begleitung durch das ISÖ – Institut für Sozialökologie in einem innovativen Projekt der Zukunftsforschung. Der Fokus lag dabei auf dem ländlichen Raum. Ziel des Projekts war es, in einem hoch partizipativen Prozess positive Zukunftsszenarien bis zum Jahr 2045 zu entwickeln. Die zentralen Fragen waren: Welche Zukunft wollen wir? Welche Zukunft halten wir für wahrscheinlich? Das Projekt beinhaltete Expertengespräche, sieben Trendanalysen, vier Zukunftswerkstätten in zwei Laborregionen, eine Online-Beteiligung und als Höhepunkt eine Zukunftskonferenz im Februar 2018. Das dort verabschiedete Zukunftsmanifest „Überall alt werden können!" zeigt vier wünschenswerte Pfade auf, die nun in der Praxis wahrscheinlich werden sollen:

Pfad 1: Grundsicherheit durch Begegnung und Grundeinkommen! Dafür werden neue Formen der Begegnung geschaffen, soziale Orte im Quartier, die das Wir-Gefühl über Generationen hinweg stärken. Auf politischer Ebene wird das Konzept eines „Grundeinkommens" vorangetrieben.

Pfad 2: Entsäulung und Koproduktion in der Pflege! Dies bedeutet transparente Entsäulung von Angeboten und Bürokratie und zielt auf einen ausbalancierten Pflegemix im Koproduktionsdreieck aus Familie, Fachkräften und Freiwilligen.

Pfad 3: Technologie soll dienen, nicht herrschen! Ehrenamt und bürgerschaftliches Engagement spielen bei der Technologieförderung und –akzeptanz eine zentrale Rolle.

Pfad 4: Mobilitätssteigerung und das Quartier! Ziel ist durch eine Mobilitätssteigerung das soziale Netzwerk und Teilhabe auf dem Land zu stärken.

1 Einleitung – Ausgangslage, Fragestellung, Überblick

Die Zukunft der Altenhilfe ist angesichts der demographischen Alterung moderner Gesellschaften wesentlich und strittig zugleich. Alter und Altern erscheinen in der öffentlichen Diskussion eher als Problem, lange überwogen negative Altersbilder, was die Zukunft der Altenhilfe beengt. Unter Altenhilfe verstehen wir in diesem Projekt nicht nur Pflege, sondern die Gesamtheit an Unterstützungsangeboten für ein gelingendes Leben im Alter.

Wie können wir überall alt werden? Mit dieser programmatischen Frage nach den künftigen Bedingungen des Alterns, vor allem im ländlichen Raum, initiierte das Diakonische Werk Schleswig-Holstein im Sommer 2016 ein auf eineinhalb Jahre angelegtes Projekt der Zukunftsforschung und Zukunftsgestaltung. Wissenschaftlicher Partner war das ISÖ – Institut für Sozialökologie in Siegburg. Um die Frage zu beantworten durchlief das Projekt mehrere Phasen, in denen unterschiedliche Methoden eingesetzt wurden, ein sogenannter Methoden-Mix. Als „Reallabore", die die wissenschaftliche Gestaltung und Begleitung von umfassenden gesellschaftlichen Transformationsprozessen ermöglichen, dienten die Kreise Segeberg und Nordfriesland in Schleswig-Holstein. Zudem wurde ein Beirat gebildet, der das Projekt während seiner gesamten Laufzeit begleitete:

Heinrich Deicke	Diakonie Altholstein
Pastor Jörn Engler	Stiftung Diakoniewerk Kropp
Propst Erich Faehling	Kirchenkreis Plön-Segeberg
Sozialdezernentin Karin Löhmann	Kreis Bad Segeberg
Landrat Dieter Harrsen	Kreis Nordfriesland
Propst Jürgen Jessen-Thiesen	Kirchenkreis Nordfriesland
Direktor Pastor Andreas Kalkowski	Landesverein der Inneren Mission in S-H
Landespastor Heiko Naß	Diakonisches Werk Schleswig-Holstein
Gudrun Nolte	Kirchlicher Dienst in der Arbeitswelt
Prof. Dr. Michael Opielka	ISÖ - Institut für Sozialökologie
Dr. Johannes Peter Petersen	Diakonisches Werk Schleswig-Holstein
Claus Röhe	Aktivregion Südliches Nordfriesland
Landrat Jan Peter Schröder	Kreis Bad Segeberg
Werner Schultz	AktivRegion Holsteins Herz
Torsten Sommer	Akademie für die ländlichen Räume S-H
Michael Steenbuck	Diakonisches Werk Plön-Segeberg
Burkhard Jansen	Kreis Nordfriesland

Der Ablauf des Projektes, das zum 1.10.2016 startete, wird in Abbildung 1 zusammen-gefasst.

Abbildung 1: Ablaufplan Projekt "Zukunftsszenario Altenhilfe Schleswig-Holstein 2030/2045" (ZASH2045)

Sieben Trendanalysen auf der Grundlage von über 20 ExpertInnengesprächen und ei-ner umfassenden Literaturanalyse führten zu einer Unterscheidung in drei Struktur-trends, die gesellschaftliche Rahmenbedingungen mit sehr begrenzter politischer und wohlfahrtsverbandlicher Einflussnahme markieren, und vier Gestaltungstrends, auf die sich das Projekt im Fortgang konzentrierte (Abbildung 2).

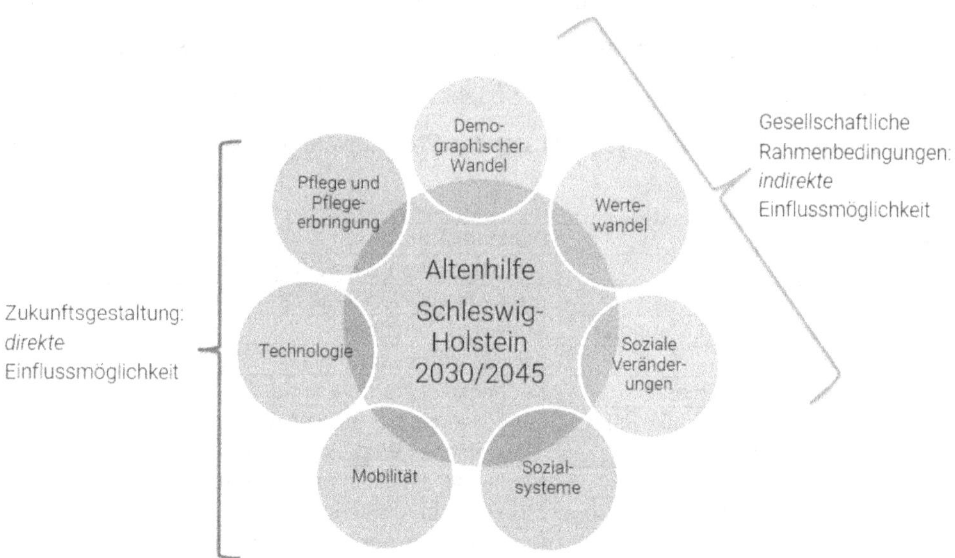

Abbildung 2: Strukturtrends und Gestaltungstrends für die Zukunft der Altenhilfe

In der ersten Welle von zwei Zukunftswerkstätten im März 2017 wurden die sieben Trendanalysen mit Hilfe einer morphologischen Matrix (Abbildung 3) über jeweils fünf Ausprägungen in insgesamt 35 Teilszenarien untergliedert, die von den TeilnehmerInnen in mehreren Arbeitsschritten auf je zwei utopische (Szenario 1 und 2) und dystopische (Szenario 3 und 4) Szenarien konzentriert wurden. Diese bildeten die Grundlage einer von Juni bis August 2017 laufenden Online-Befragung. Der Prozess bis dahin wurde im Zwischenbericht detailliert dokumentiert und analysiert.[1]

Die Ergebnisse und die Methodik der Online-Befragung wurden ebenfalls öffentlich zugänglich dokumentiert[2] und bildeten die Grundlage für die zweite Welle der Zukunftswerkstätten im September 2017. Dazu wurden die vier Szenarien auf zwei Szenarien verdichtet, auf ein utopisches (wünschenswertes) Szenario („Autonomie und Prävention in der Altenhilfe") und ein dystopisches (eher befürchtetes) Szenario („Altenhilfe geprägt durch Individualisierung und Rückzug des Staates"). Die überraschende Erkenntnis der Auswertung der Online-Beteiligung war eine Gegenläufigkeit der „wünschenswerten" und „wahrscheinlichen" Szenarien. Die überwiegend als „wünschenswert" bewertete Zukunft galt zugleich mehrheitlich als wenig „wahrscheinlich". Ziel dieser Workshops war daher die Entwicklung von Transfers, von Umsetzungsstrategien vor allem des wünschenswerten Szenarios. Dabei fiel auf, dass auch die mentalen Beharrungskräfte erheblich sind. Es erwies sich als außerordentlich schwierig, das „eigentlich" als wünschenswert bezeichnete Szenario konkret zu denken. Ergebnisse und Methodik der insgesamt vier Zukunftswerkstätten sind ebenfalls öffentlich dokumentiert.[3]

In Abstimmung von Steuerungsgruppe und Projektbeirat wurde zur Förderung der Partizipation aller Beteiligten ein „Zukunftsmanifest Altenhilfe Schleswig-Holstein 2030/2045" entwickelt, das ab Anfang 2018 online zur Diskussion stand und auf der Zukunftskonferenz am 14.2.2018 in Rendsburg verabschiedet wurde (siehe Kapitel 4).

---

[1] Opielka/Peter 2017a. Alle Abbildungen im vorliegenden Ergebnisbericht ohne Quellenangaben entstammen dem Projekt selbst.

[2] Opielka/Peter 2017b

[3] Opielka/Peter 2017c

	Szenario 1 „Autonome und individuelle Altenhilfe"	Szenario 2 „Altenhilfe geprägt durch Prävention und Planung"	Szenario 3 „Altenhilfe geprägt durch Individualisierung und den ‚schmalen Staat'"	Szenario 4 „Altenhilfe geprägt durch Eigenvorsorge und Gespaltenheit"
Trend 1 „Demographischer Wandel"	„Generationen lernen sich neu kennen"	„Generationen lernen sich neu kennen"	„Generationen lernen sich neu kennen"	„Das verblühte Land"
Trend 2 „Soziale Veränderungen"	„Die globale Wissensgesellschaft"	„Die globale Wissensgesellschaft"	„Die globale Wissensgesellschaft"	„Im Spannungsfeld von Gruppenkulturen"
Trend 3 „Wertewandel"	„Der wachstums-kritische Senior"	„Der wachstums-kritische Senior"	„Der wachstums-kritische Senior"	„Im Zentrum steht das Ich"
Trend 4 „Sozialsysteme"	„Der gerechte Sozialstaat"	„Der gerechte Sozialstaat"	„Reich bleibt reich, arm bleibt arm"	„The senior takes it all"
Trend 5 „Pflege und Pflegeerbringung"	„Keine Pflegearmut durch ein Grundeinkommen für alle"	„Ein neuer Generationenvertrag"	„Die Pflegelücke wird durch ehrenamtliches Engagement und Migration gefüllt"	„Das „Wir-Gefühl" zählt, nicht der Staat"
Trend 6 „Technologie"	„Digitaler Senior"	„Digitaler Senior"	„Das smarte Zuhause"	„Die analoge Vernetzung ist im Trend"
Trend 7 „Mobilität"	„Die Revolution der Mobilität"	„Barrierefreie Mobilität"	„Barrierefreie Mobilität"	„Digital Natives bleiben zu Hause"

Abbildung 3: Die finale morphologische Matrix mit den vier Szenarien nach der ersten Zukunftswerkstatt

Das Zukunftsmanifest formuliert konkrete Handlungsschritte für alle vier Gestaltungstrends. Die Zukunftskonferenz war hinsichtlich der Teilnahme-Resonanz (170 Anmeldungen) ein außerordentlicher Erfolg. Online liegt eine umfassende Dokumentation aller Plenarphasen mit Audio- und als Videodateien vor, der Powerpointpräsentation, der
Mentimeter-Abstimmungen, den Fotos des gesamten Konferenzverlaufs und insbesondere den Ergebnissen der insgesamt 16 Ideenwerkstätten in vier Zukunftsinseln.
Für die interne Auswertung von Steuerungsgruppe und Beirat erstellte das ISÖ eine
SWOT-Analyse. Sie macht deutlich, dass die digitalen Funktionsanforderungen bei-
spielsweise bei IT-basierten Partizipationsmethoden (wie hier Mentimeter bzw. Online-
Kommentierung des Zukunftsmanifestes) erheblich sind, und die Durchdringungsrate
bei den TeilnehmerInnen trotz intensiver Vorabinformation niedriger als erwartet lag.
Trotz einer aufwändig und attraktiv produzierten Konferenzbroschüre, die auch das
Zukunftsmanifest in Printform einschloss, fiel auf, dass die Bezüge auf diesen - in der
Vorbereitung als zentral erachteten - Text sowohl in den Plenarphasen wie in den Ide-
enwerkstätten sehr zurückhaltend waren, auch wenn am Ende die Zustimmung im
Mentimeter-Voting eindeutig und ohne Gegenstimmen ausfiel.

Eher im Kontrast zur zurückhaltenden Beteiligung bei digitalen Formen der Partizipation war sowohl bei den Zukunftswerkstätten wie der Zukunftskonferenz der Wunsch
nach persönlicher Begegnung, Austausch und Vernetzung markant. Innovative Formen
der Zukunftsgestaltung müssen diese Dimension zwingend berücksichtigen. Die persönliche Erfahrung kann dadurch vor dem Hintergrund gesellschaftlicher Entwicklungen zur Antizipation von Zukunft beitragen. Methodisch besonders gelungen war für
die Verbindung von Person, Gesellschaft und Zukunft die Imagination des persönlichen Alters im Jahr 2045 durch individualisierte Buttons für alle TeilnehmerInnen mit
ihrem eigenen Alter in 2045. Zu dieser persönlichen Mentalisierung von Zukunft trugen
auch graphisch sehr ansprechende Wandaufschriften im Aufgang zum Konferenzsaal
mit Fragen zur persönlichen Lebenssituation im Jahr 2045 bei. Eine gelungene Übersetzung von eigener Lebensgeschichte in Zukunft machte der Innovationsredner und
IT-Experte Prof. Schrader im Zukunftstalk Technologie mit der Methode des Story-Telling deutlich: er imaginierte sich in das Jahr 2045 und beschrieb, wie durch digitale
Mittel Wohnung und Hospital ineinanderfließen. Das Gesamt dieser Erfahrungen

macht deutlich, dass Zukunftsgestaltung Orte von direkter Begegnung und Kommunikation erfordert, auch um die Erfahrung von gesellschaftlichem Zusammenhalt zu gewährleisten. Zugleich müssen Zukunftskeime in die gemeinschaftlichen Räume platziert werden, damit sie sich nicht mit der Wiederholung der Gegenwart oder sogar nur rückwärtsgewandten Visionen begnügen.

Parallel zu den hier dargestellten Projektleistungen im engeren Sinn bemühte sich die Steuerungsgruppe um (mediale) Präsenz in den Laborregionen über die Zukunftswerkstätten hinaus. Sie soll durch eine Fotoausstellung und weiterführende Projekte verstetigt werden, um die Kommunikation des Projektthemas aufrechtzuerhalten; die ursprünglich auf beide Laborregionen verteilte Zukunftskonferenz wurde einvernehmlich in eine Große Zukunftskonferenz zusammengefasst. So wurde das Projekt in den Sozialausschüssen beider Kreistage präsentiert und es wurden in der zweiten Zukunftswerkstatt in beiden Laborregionen sogenannte „Kleine Zukunftsprojekte" (z.B. Kümmererkonferenz, Rufbus plus) initiiert, die durch das Projektbüro des Diakonischen Werkes begleitet und betreut wurden.

Weiterhin wurde das Projekt ZASH2045 auf dem Gemeindekongress Schleswig-Holstein im Oktober 2017 mit hoher Beachtung vorgestellt, die Vorträge erschienen in überarbeiteter Form in der Zeitschrift „Die Gemeinde". Intensiv wurde auch eine Redakteurin des NDR betreut, die über das Gesamtprojekt ein sehr gelungenes Feature erstellte.[4]

Sowohl bei drei Wellen der internen Evaluation des ISÖ mit direkt Projektbeteiligten wie bei einer aufwändigen Stakeholder-Analyse, die das ISÖ-Team mit der Steuerungsgruppe und dem Beirat im Anschluss an die zweite Welle der Zukunftswerkstätten durchführte, zeigte sich auf der Wahrnehmungsebene ein sehr hohes Commitment zahlreicher Akteure.

Das Projekt wollte einen partizipativ angelegten, moderierten Akteurs-Dialog ermöglichen. Da nur eine kleine Gruppe an ExpertInnen an den ersten beiden Zukunftswerk-

---

[4] Auch diese Veröffentlichungen lassen sich auf der Projekthomepage abrufen: www.zash2045.de

stätten im März 2017 teilnehmen konnte, war der nächste Schritt online ein breit angelegtes Informations- und Dialogangebot anzubieten. Damit wurde weiteren Interessierten auf lokaler, aber auch überregionaler Ebene die Chance gegeben, sich am Prozess der Szenarioentwicklung und Szenariobewertung zu beteiligen. Dieser Schritt war mit 321 TeilnehmerInnen sehr erfolgreich und hat dazu beigetragen, zwei finale Szenarien zu definieren: [5]

1) **Szenario 1[2] „Autonomie und Prävention in der Altenhilfe"**
2) **Szenario 4[3] „Altenhilfe geprägt durch Individualisierung und Rückzug des Staates"**

Diese beiden finalen Szenarien bildeten die Grundlage für die zweite Welle der Zukunftswerkstätten am 7. und 8. September in den Laborregionen Kreis Segeberg und Nordfriesland. Ziel der zweiten Zukunftswerkstatt war die Entwicklung von kleinen Zukunftsprojekten *„Transfer in eine wünschenswerte Zukunft"*. So wurde beispielsweise im Kreis Segeberg eine AG „Dialogforen Grundeinkommen" gegründet, im Kreis Nordfriesland konzentriert man sich darauf „das Miteinander im Sozialraum" zu stärken. Die stetige Verdichtung der Auseinandersetzung mit der Zukunft fand einen weiteren Höhepunkt in der Erarbeitung eines Zukunftsmanifestes, das online gestellt wurde und an 17 verschiedenen Textstellen bewertet und insgesamt unterstützt werden konnte. Der Text wurde final dann auf der Zukunftskonferenz von allen TeilnehmerInnen verabschiedet. Am 14. Februar 2018 fand der partizipative Höhepunkt des Projekts statt: die Zukunftskonferenz in Rendsburg.

Der vorliegende Text befasst sich mit den Projektergebnissen und dem Projektverlauf. Dabei ist die Nachvollziehbarkeit der Ergebnisfindung entscheidend. Um die Ergebnisse in einen globalen Kontext zu setzen, wird in mehreren Passagen der Bezug zur UN-Agenda 2030 und den 17 Nachhaltigkeitszielen (SDGs – Sustainable Development Goals) hergestellt, die im Herbst 2015 von der Weltgemeinschaft beschlossen wurden.[6] Dadurch wird klar, dass die Erarbeitung eines Zukunftsszenarios in der Altenhilfe

---

[5] Die Online-Beteiligung wurde ebenfalls dokumentiert: Opielka/Peter 2017a

[6] Dazu ausführlich Opielka 2017

nicht nur für Schleswig-Holstein, sondern über die Bundeslandgrenze Bedeutung hat. Der Bezug auf die UN-Nachhaltigkeitsziele prägt zwar unterdessen die EU-Politik, die nationalen, Länder- und auch kommunalen Politiken weit über die Umweltpolitik im engeren Sinn hinaus. Gleichwohl werden die Sustainable Development Goals (SDG) immer wieder als Kopfgeburt oder zahnloser Tiger geschmäht, weil sie eher ein Zukunftsversprechen als eine verbindliche, sanktionierbare Vereinbarkeit darstellen. Die UN-Nachhaltigkeitsziele, die SDGs haben insoweit einiges gemeinsam mit unserem Zukunftsprojekt, das sich in gewisser Weise auch in einem Raum des Willens, der guten Zukunfts-Absichten bewegt. Sie sollten aber keineswegs unterschätzt werden, im Gegenteil, das Projekt zeigte und zeigt bis heute deutlich, dass die Forderung nach einer Gemeinwohlorientierung der Altenhilfe eine enorme Sprengkraft in einer Zeit darstellt, in der einflussreiche Konzerne und Finanzakteure das Gesundheits- und Pflegewesen in einen Gesundheits- und Pflegemarkt verwandeln wollen.

2 Die Entwicklung der Zukunftsszenarien

„The real voyage of discovery consists not in seeking new landscapes but in having new eyes".[7] Dieses Zitat von Marcel Proust beschreibt in schöner Weise das Prinzip der Szenarioanalyse, die neue Blickwinkel auf Existierendes eröffnet. Gerade in der Nachhaltigkeitsforschung, die ebenfalls inter- und transdisziplinär orientiert ist, wird die Szenarioanalyse häufig genutzt, um ein ganzheitliches Bild zu erhalten.[8] Solch eine Analyse besteht aus drei Schritten: Erstellung, Vergleich und Bewertung von Szenarien. Damit werden folgende Funktionen ermöglicht, die jedoch nicht leicht alle gleichzeitig realisiert werden können: „Wissensfunktion; Kommunikationsfunktion; Zielkonkretisierungs- und Zielbildungsfunktion; Entscheidungsfindungs- und Strategiebildungsfunktion".[9] Je nach Problemstellung müssen die Mikro-, Meso- und Makroebene (Mikro = Kleingruppen; Meso = Organisationen und Institutionen; Makro = Gesellschaft) untersucht werden, um entweder das Ziel der Exploration („Bildung, Stimulation von kreativem Denken, Interaktion von gesellschaftliche Prozessen") oder die Untersuchung von Politikalternativen, oder eine Kombination aus beiden, zu erreichen.[10] Dabei spielen normative und deskriptive Aspekte sowie der Fokus der Analyse eine zentrale Rolle. Seitens der Wissenschaft müssen dazu Qualitätskriterien erfüllt werden: Plausibilität, Konsistenz, Verständlichkeit, Trennschärfe (zu alternativen Szenarien), Transparenz, der Grad der Integration (vertikale/horizontale Integration), Rezeptionsqualität, Aufwand und TeilnehmerInnen.[11] Zudem sind folgende Punkte bei der Planung von Zukunftsszenarien zu beachten:

- Eine angemessen große und heterogene Teilnehmergruppe
- Genügend Zeit für die verschiedenen Phasen der Szenarioanalyse
- Wissenschaftliches und methodisches Grundlagenwissen

---

[7] In Van Notten 2006

[8] Swart, Raskin, & Robinson 2004, S. 139

[9] Kosow u.a. 2008, S. 14ff.

[10] Van Notten 2006

[11] Kosow u.a. 2008, S. 28ff.

- Die Entwicklung von schlüssigen Zukunftsgeschichten
- Integration von unerwarteten Ereignissen und daraus resultierende Veränderungen
- Der Zusammenhang zum gesellschaftlichen Kontext[12]

Die Szenarioanalyse kann somit als ‚Katalysator' oder ‚Guide durch Orientierungswissen' beschrieben werden, um einen nachhaltigen Wandel zu erzeugen.[13] Ausgehend von drei Auffassungen von Zukunft: „Zukunft ist berechenbar", „Zukunft ist evolutiv" und „Zukunft ist gestaltbar" wurde für das Projekt ZASH2045 der Szenarioprozess in sechs Schritte definiert (Abbildung 4):

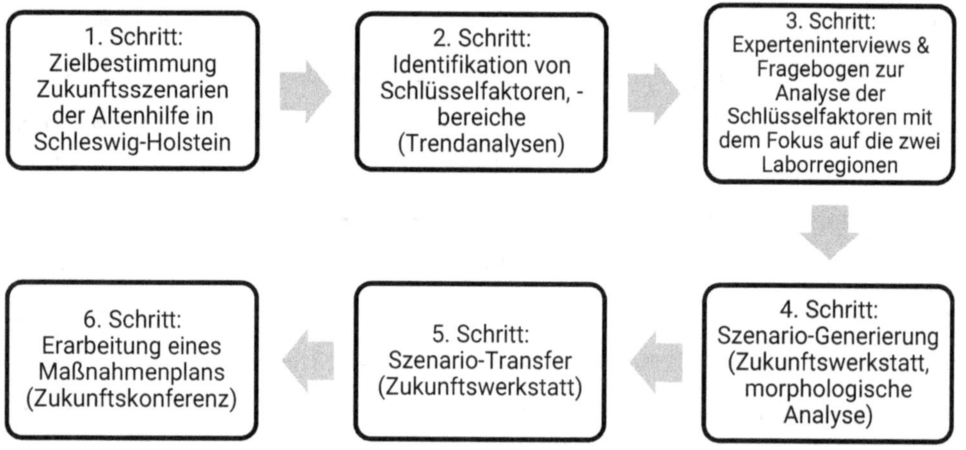

Abbildung 4: Sechs Schritte der Szenario-Technik und Methoden im Projekt ZASH2045

Zusammenfassend muss noch einmal erwähnt werden, dass die Szenario-Methodik aus unterschiedlichen Ansätzen besteht, „die nicht allein wissenschaftlich-theoretischen Ursprungs sind, sondern im Gegenteil oft stark durch ihren praktischen Ein-

---

[12] Swart et al. 2004, S. 144ff.

[13] Übersetzt von Swart et al. 2004, S. 141ff.

satz geprägt werden" und somit nicht ganz zu Unrecht als „Sammelbecken" bezeichnet werden kann.[14] Auch deshalb kam im Projekt ZASH2045 ein Methodenmix zum Einsatz (Abbildung 5).

Abbildung 5: Methodenmix des Projekts ZASH2045

2.1 Die sieben Trendanalysen

Die „Trendanalysen" (im Zwischenbericht Kapitel 3) umfassen Analysen zu sieben Themen, die die Altenhilfe der Zukunft prägen werden. Die sieben Trendanalysen auf der Grundlage von über 20 Expertengesprächen und einer umfassenden Literaturanalyse führten zu einer Unterscheidung in drei Strukturtrends, die gesellschaftliche Rahmenbedingungen mit sehr begrenzter politischer und wohlfahrtsverbandlicher Einflussnahme markieren, und vier Gestaltungstrends, auf die sich das Projekt im Verlauf konzentrierte (siehe Abbildung 2 im Einleitungskapitel).

Die **sieben Trendanalysen** fokussieren auf die jeweils zentralen Entwicklungen für die Altenhilfe und sind Grundlage für die Szenario-Generierung. Sie finden sich im Zwischenbericht zum Projekt[15] auf den Seiten 62 bis 190. Aus den Trendanalysen wurden

---

[14] Kosow u.a. 2008, S. 18ff.

[15] Opielka/Peter 2017a

die Indikatoren entwickelt, die dann in einer Morphologischen Matrix sowohl den TeilnehmerInnen der insgesamt vier Zukunftswerkstätten und in der Online-Befragung einer interessierten Öffentlichkeit zur Bewertung vorgelegt wurden. Wir fassen die sieben Trendanalysen hier zusammen:

Trend 1: Demographische Entwicklung *– Durch die Analyse wird klar, dass man auf die*
regionalen Veränderungen der Altersstruktur der Bevölkerung schauen muss. Zudem
beeinflussen der medizinische Fortschritt sowie die erhöhte Zuwanderung seit 2015 die
Vorausberechnung der demographischen Entwicklung.

Die aktuelle Bevölkerungsvorausberechnung des Statistischen Bundesamtes vom
Februar 2017 zeigt, dass die Bevölkerung in Deutschland in den kommenden fünf Jahren zunehmen und anschließend auf das derzeitige Niveau von 82,2 Millionen im Jahr
2035 sinken wird. Danach wird sie kontinuierlich auf 76,5 Millionen im Jahr 2060 abnehmen. Die Bevölkerung im Alter zwischen 20 und 65 Jahren wird von 49,8 Millionen
in 2015 auf 43,9 Millionen im Jahr 2035 und dann auf 39,6 Millionen im Jahr 2060
zurückgehen. Die Zahl der 65-Jährigen und Älteren wird dagegen deutlich steigen, von
derzeit 17,3 Millionen auf 23,7 Millionen im Jahr 2060. Damit wird sich die Relation
zwischen den Personen im Seniorenalter und der Bevölkerung im erwerbsfähigen Alter
ähnlich stark verändern wie bei bisherigen Rechnungen. Grundlage für die Aktualisie-
rung ist die gegenüber den bisherigen Annahmen seit 2015 erhöhte Zuwanderung. Für
Schleswig-Holstein bedeutet das, dass die bisherige Annahme einer Schrumpfung der
Bevölkerung von 2,8 Mio. im Jahr 2017 auf 2,5 Mio. bei geringer bzw. 2,6 Mio. bei höherer Nettozuwanderung im Jahr 2045, wie noch in 2015 angenommen, nochmals kor-
rigiert werden muss: Voraussichtlich wird die Bevölkerungszahl insgesamt gegenüber
heute konstant bleiben, allerdings mit regionalen Verschiebungen. Der Anteil der Hoch-
betagten wird jedoch in jedem Fall deutlich steigen (die bisherige Annahme aus 2015
sah bei höherer Zuwanderung eine Steigerung von 148.000 Menschen über 80 Jahre
in Schleswig-Holstein in 2013 auf 284.000 in 2040 bzw. 373.000 in 2050).

Von einer Schrumpfung der Bevölkerung, die über viele Jahre die Diskussion be-
stimmte, kann aufgrund der erheblichen Nettozuwanderung nicht mehr gesprochen

werden. Der Trend ist jedoch eindeutig: es gibt zugleich eine „Entjüngung" und dadurch auch eine „Alterung" der Bevölkerung. Der Trend zur Alterung moderner, industrieller Gesellschaften hat verschiedene Gründe, insbesondere die Erhöhung der Lebenserwartung als Folge von medizinischem Fortschritt und die Reduzierung der Geburtenzahl pro Frau bzw. Paar. Die entscheidende Frage ist, ob Deutschland und konkret auch Schleswig-Holstein die demographische Verschiebung bewältigen kann, vielleicht sogar mit Gewinn für die Gesellschaft insgesamt. Heute besteht weitgehend Konsens, dass die zukunftsfähige Gestaltung des demographischen Wandels nur gelingen kann, wenn alle gesellschaftlichen Akteure unter Einbindung der Bürgerinnen und Bürger vor Ort zusammenwirken. Strategien, Politiken, Maßnahmen und Programme müssen darauf hinauslaufen, die Kommunen zu befähigen, die notwendigen Rahmenbedingungen dazu zu schaffen.

Eine zentrale Bedeutung bei der Gestaltung des demographischen Wandels haben Altersbilder mit ihrem sowohl analytischen als auch zukunftsgestaltenden Potential. Dabei ist die kritische Reflexion von allen Akteuren gefordert, von welchen Altersbildern sie sich leiten lassen und welche Implikationen und Wirkungen diese haben. Wenn die Gesellschaft insgesamt altert, dann muss Älterwerden in der Realität und in der Wahrnehmung der Altersbilder positiv und produktiv sein. Nur als Konsumzeit im jüngeren Alter und Hilfebedarfszeit im höheren Alter wird das nicht gelingen. Sowohl die Lebensarbeitszeit auf dem Arbeitsmarkt wie gesellschaftliches Engagement insgesamt werden in Zukunft steigen müssen und steigen.

Trend 2: Soziale Veränderungen *– Die Globalisierung als Megatrend beeinflusst die Altenhilfe. Darüber hinaus erzeugen die Entwicklungen auf dem Arbeitsmarkt hin zu „Arbeit 4.0" und neuen Lebenslagen und –stilen neue Ungleichheiten. Auf der anderen Seite entstehen neue gemeinschaftliche Formen des Zusammenlebens.*

Die Sozialstruktur Deutschlands hat sich auch in der jüngeren Vergangenheit enorm verändert. Die Trendanalyse Soziale Veränderungen konzentriert sich auf Trends, die für die Zukunft der Altenhilfe besonders relevant sind. Die größte soziale Veränderung in der ersten Hälfte des 21. Jahrhunderts ist eine umfassende Globalisierung in ihren

unterschiedlichen Ausprägungen. Es sind vor allem die technologischen und die klimapolitischen Prozesse, die global wirksam sind und daher auch nur global reguliert werden können. Aber auch die demographische Dimension der Globalisierung, Migration und Flucht, wird die deutsche Gesellschaft gravierend verändern, sie wird immer mehr zu einer Einwanderungsgesellschaft. Mit dieser umfassenden Globalisierung geht eine weitere Zunahme von Unübersichtlichkeit einher, die die meisten Menschen sowohl politisch wie kulturell verunsichert.

Mit der Globalisierung einhergehend wird in den kommenden Jahrzehnten auch auf nationaler Ebene eine Zunahme von vertikaler und horizontaler Ungleichheit erwartet. Wer nur über zudem schlecht bezahlte Arbeitskraft verfügt, dem droht im Alter zunehmend Armut, Altersarmut wird bis 2045 in gravierendem Umfang steigen. Auch die strukturellen Veränderungen der Arbeitswelt in der Wissensgesellschaft in Richtung „Arbeit 4.0" werden Auswirkungen auf vertikale Ungleichheit haben. In Bezug auf horizontale Ungleichheit haben sich Lebenslagen, Milieus und Lebensstile ausdifferenziert, die sich im Alter gravierend auswirken. Ungleichheit gefährdet das Gefühl gesellschaftlicher Gemeinschaft, die Empfindungen von Zusammengehörigkeit und Solidarität.

Neue gemeinschaftliche Formen des Zusammenlebens könnten diese Prozesse der Unübersichtlichkeit und des Egoismus ausgleichen oder gar überwinden. Mehrgenerationenhäuser, Wohn- und Hausgemeinschaften nehmen auch bei Älteren zu, teils – wie im Übrigen auch bei Jüngeren – aus wirtschaftlicher oder gesundheitlicher Not. Ob die sozialen Veränderungen in den kommenden 30 Jahren von einem Trend zu mehr oder zu weniger Gemeinschaft gekennzeichnet sind, hat weit reichende Auswirkungen auf das Unübersichtlichkeitsempfinden, auf soziale Ungleichheit und auf die ganz konkreten Lebensformen.

*Trend 3: **Wertewandel** – Die Analyse verdeutlicht einen anhaltenden Trend von materiellen zu postmateriellen Werten. Der Säkularisierungsprozess schreitet voran und die Grenzen zwischen den Altersgruppen werden unschärfer. Religiöse Begründungen von Nächstenliebe werden um allgemeinen Altruismus oder Nachbarschaft ergänzt.*

Die Forschung zum Wertewandel hat in den vergangenen Jahrzehnten den Weg in die Massenmedien gefunden: Die Veränderung von eher materiellen (stofflichen) zu eher postmateriellen Werten, wie sie im World Values Survey und im European Values Survey seit mehreren Jahrzehnten untersucht werden. Die Bevölkerung Deutschlands stellt inzwischen mehrheitlich postmaterielle Werte in den Vordergrund, sieht den eigenen Anteil am Wohlstand als gerecht an und erwartet für die unmittelbare Zukunft wirtschaftliche Stabilität. Zu erwarten ist eine weiter verstärkte Forderung nach mehr Bürgereinfluss auf die Regierungsentscheidungen. Religiöse und kirchliche Bindungen, bei immer noch deutlichen Unterschieden zwischen Ost und West, nehmen weiterhin ab, der Säkularisierungsprozess schreitet voran.

Untersuchungen zu Werteorientierungen, die direkt anschlussfähig sind an die verschiedenen Arbeitsfelder von Altenhilfe und Altenpolitik sind immer noch rar. Unstrittig ist heute der tief-greifende Wertewandelschub der 1960/70er Jahre, der vor allem in den westeuropäischen Ländern zu einer neuen übergeordneten Leitkultur geführt hat, die heute Teil eines Globalisierungstrends ist. Er ist gekennzeichnet durch einen starken Bedeutungszuwachs von Werten wie Freiheit, Autonomie, Individualität, Gleichheit und Humanität. Hinsichtlich der praktischen Umsetzung von Wertvorstellungen in sozial- und auch alterspolitisches Handeln haben wir es mit wachsenden Ambivalenzen und Unsicherheiten zu tun. Die Herausforderung, dem Leben mit all seinen Anforderungen gewachsen zu sein, wird größer.

In der Fachliteratur zum Thema „Alter" und „Altern" finden sich nur selten explizite Thematisierungen des Wertewandels, der mehr im Fokus der Markt- und Konsumforschung sowie der Arbeitsmarkt- und Wirtschaftsforschung (ältere ArbeitnehmerInnen) steht. Das Alter hat sich ausdifferenziert und die jungen Alten, die Aktiven, die Best Agers, Platin Surfer, die Silver Generation, die neuen Alten, die Babyboomer sind interessante Klienten- und Kundengruppen und ArbeitnehmerInnen. Eine weitere Erklärung des Wertewandels könnte in der schon lange anhaltenden Psychologisierung der Altersforschung liegen. Die Entwicklung der letzten Jahre zeigt, dass die soziologische Perspektive zunehmend an Bedeutung gewinnt. Das Thema „Altersbilder" spielt eine

zentrale Rolle in den Arbeitsfeldern von Altenhilfe und -politik und behandelt implizit immer auch Werte.

Das Unschärferwerden der Grenzen zwischen Altersgruppen kann auch als ein Ausdruck des Wertewandels verstanden werden, in dem traditionelle Definitions- und Zugehörigkeitskriterien in ihrer gesellschaftlichen Prägekraft abnehmen und andere Merkmale bedeutender werden, vor allem Bildung, Ungleichheit und Globalisierung. Pauschale Altersgrenzen werden zunehmend als ungerecht empfunden. Das Lebensalter wird als Indikator für Lebenszusammenhänge und Lebensorientierungen immer weniger bedeutend. Die altersindifferent werdende Gesellschaft vergrößert die Lebensmöglichkeiten der Menschen, sie erhöht zugleich Chancen und Risiken. Es gibt Altersgruppen, deren soziale Lage viel stärker vom Bildungsstand oder auch vom kulturellen Hintergrund bestimmt wird als vom Alter. Es gibt nur eine einzige Konstellation, in der eindeutig das Alter die größte Erklärungskraft für die soziale Lage hat, nämlich dort, wo das Alter als körperlicher Verlust erfahren wird und das Altersbild bestimmt. Soziale Auseinandersetzungen werden zukünftig eher zwischen Reich und Arm und weniger zwischen Alt und Jung stattfinden. Angesichts weiterhin schwächer werdenden religiösen und kirchlichen Bindungen auch der älteren Menschen wird die Frage nach einem veränderten Altersbild für Kirche und Diakonie eine wesentliche Herausforderung einer zukunftsfähigen Altenhilfe und -politik bleiben.

Trend 4: Sozialsysteme – Als zentrale Perspektive für die Altenhilfe stellt sich heraus, dass eine Bürgerversicherung die Bereiche Alter und Gesundheit beeinflussen könnte. Eine Neujustierung von Arbeit und Geldleistungen erscheint nötig und ist zugleich umkämpft. Nicht zuletzt würde eine menschenrechtsbasierte Grundeinkommenspolitik zu einer starken Veränderung der Altenhilfe führen.

Die künftige Entwicklung der sozialen Sicherungssystem hängt einerseits von einer Reihe gesellschaftlicher Rahmenbedingungen ab (wie Wirtschaft und Arbeitsmarkt, Leistungen der Familie, medizinischer Fortschritt), andererseits aber auch von ihrer Konstruktionslogik (wie Lohnarbeitsbezug, Renteneintrittsalter, Versichertenkreis). Es

spricht sehr viel dafür, dass in den Jahrzehnten bis 2045 die mit der Pflegeversicherung (auf der Leistungsseite) begonnene Entwicklung hin zu Bürgerversicherungen auch in den anderen Sozialsystemen, vor allem für Alter und Gesundheit, fortgeführt wird. Durch Bürgerversicherungen, die alle Bürgerinnen und Bürger einschließen und nicht nur ArbeitnehmerInnen, erweitern sich der Versichertenkreis und damit die Solidargemeinschaft.

Nicht unwahrscheinlich erscheint aus heutiger Sicht, dass mit der Entwicklung hin zu Bürgerversicherungen auch eine Entwicklung zu einem Grundeinkommen, im Alter zu einer Grundrente einhergeht. Entscheidend ist dabei, ob eine Neujustierung von Arbeit und Geldleistungen gelingt, hier finden sich die größten Kontroversen. Grundeinkommen und Grundrente würden den Übergang von Erwerbstätigkeit und Ruhestand erheblich entzerren und könnten damit auch zu einer an den Fähigkeiten der Menschen orientierten Anhebung der Altersgrenzen beitragen. Eine menschenrechtsbasierte Grundeinkommenspolitik rechnet damit, dass die durch ein Grundeinkommen in der erwerbsfähigen Lebensphase und nicht erst im „Ruhestand" frei werdenden Zeitressourcen auch erwerbswirtschaftlich genutzt werden können: vom Aufbau und der Absicherung einer kleinen Selbständigkeit über Nebentätigkeiten unterhalb eines geltenden Mindestlohnes, die von einem Bundesfreiwilligendienst, über Nebenämter in NGOs, dem Bereich der pflegenahen Aufwandspauschalen bis zu Werkverträgen ohne Zeitvorgaben reichen, bis hin zu Existenzmodi der „Work-income-Mixes", einer variierenden Mischung aus Erwerbs- und sozialstaatlichen Transfereinkommen (oder familiären Unterhaltsleistungen), gerade auch als Folge einer digitalisierten Ökonomie.

Trend 5: Pflege und Pflegeerbringung – *Die Analyse zeigt, dass Angebot und Nachfrage in der Pflege immer weiter auseinanderklaffen werden, ein ganzheitlicher Ansatz ist gefordert. Man muss ebenfalls beachten, dass sich der Pflegemangel regional unterscheidet. Ein wichtiger Schritt ist die Stärkung und bessere Vernetzung des Koproduktionsdreiecks aus Familie, Fachkräften und Freiwilligen, um einen optimalen Pflegemix zu erzielen.*

Zu beobachten ist eine bundesweite Versorgungslücke durch eine steigende Zahl an Pflegebedürftigen auf 3,1 – 3,4 Millionen bis zum Jahr 2030 und einer sinkenden Zahl an Pflegepersonal (informell und professionell). Dies stellt das Pflegesystem vor große Herausforderungen, was nur durch einen ganzheitlichen Ansatz unter Einbezug der Angebots- und Nachfrageseite bewältigt werden kann, um Quantität und Qualität auch in Zukunft zu gewährleisten. Ein wichtiger Schritt ist durch das Dritte Pflegestärkungsgesetz (PSG 3) auf nationaler Ebene erfolgt, mit dem innovative, ganzheitliche Konzepte auf regionaler und lokaler Ebene gefördert werden sollen. Denn der Pflegemangel ist regional unterschiedlich und erfordert spezifische Maßnahmen, um eine zukunftsfähige Pflegeinfrastruktur zu erzielen. Durch eine verbesserte Kompetenz- und Ressourcenausstattung, die gerade auf der politischen Ebene (nach-)gesteuert und gefördert werden muss, soll ein zukunftsfähiger Welfare-Mix als Kooperation und Netzwerkbildung von unterschiedlichen Akteuren (Ehrenamtliche, Familie, Krankenkassen, Politik, professionelle Anbieter im Sektor Pflege und die allgemeine Wirtschaft) entstehen.

Zahlreiche Studien zeigen, dass die Deutschen bereit sind, ihre Angehörigen zu Hause zu pflegen, was bisher auch sozial erwartet wird. Allerdings müssen die finanziellen, räumlichen und psychischen Bedingungen positiv sein, denn Pflegebedürftige haben Angst, ihren Angehörigen zur Last zu fallen und präferieren dadurch eine professionelle Pflege. Umgekehrt leiden Pflegende zunehmend unter starken psychischen Belastungen, die Situation nicht alleine stemmen zu können. Um einen optimalen Pflegemix zu erzielen, müssen diese Themen in die Diskussion aufgenommen und behandelt werden. Dadurch können neben Herausforderungen auch zahlreiche Chancen für eine nachhaltige, soziale Gesellschaft erkannt und gefördert werden.

Trend 6: Technologie – *Als zentrale Entwicklung gelten flexibel intelligente Assistenzsysteme. Sie werden Menschen die Möglichkeit geben, länger unabhängig zu Hause leben zu können. Als Grundlage müssen der Breitbandausbau und die Netzwerkqualität vorangetrieben werden. Diese haben einen direkten Einfluss auf die technologischen*

Einsatzmöglichkeiten, besonders im ländlichen Raum. Darüber hinaus muss Technikfolgenabschätzung nicht intendierte Folgen aufdecken und analysieren.

Ein flexibel intelligentes Assistenzsystem soll für ältere Menschen eine Unterstützung darstellen, um solange wie möglich eine hohe Lebensqualität zu Hause erzielen zu können. Um diese Aufgabe erfüllen zu können, müssen neue Technologien drei Kriterien erfüllen: (1.) eine positive Ressourcenbilanz aufweisen (Aufwand < Vorteil); (2.) einen hohen Individualisierungsgrad und Anpassungsfähigkeit erreichen und (3.) eine Balance zwischen Unter- und Überforderung im Alltag erreichen. Ebenfalls ist die Einbindung der künftigen NutzerInnen in die Entwicklungsphase von Bedeutung.

Auf globaler Ebene ist die technologische Entwicklung mit keinem eigenen Nachhaltigkeitsziel angeführt, da sie als Querschnittsaufgabe gilt. Mit dem Fokus auf die Altenhilfe ist jedoch das dritte Ziel (SDG) interessant: „Gesundes Leben für alle Menschen jeden Alters gewährleisten und ihr Wohlergehen fördern". Als Indikator für dieses Ziel gilt das subjektive Wohlbefinden, das durch technologische Errungenschaften beeinflusst wird. Gerade für ältere Menschen bedeutet das die Möglichkeit von Autonomie und sozialer Teilhabe. Dies wird in der Nachhaltigkeitsstrategie auf Bundesebene wie in Schleswig-Holstein aufgegriffen. In Schleswig-Holstein wurde auf politischer Ebene erkannt, dass vor allem der Ausbau der Daten-Verkehrsmenge und der Netzwerkqualität die Teilhabe am digitalen Leben ermöglicht. Damit gewinnt besonders der ländliche Raum an Attraktivität und kann eine gesundheitliche Versorgung über elektronische Dienstleistungen in Echtzeit gewährleistet werden.

Als Technikfolgenabschätzung müssen die nicht intendierten Folgen technologischer Innovationen bewusst gemacht und analysiert werden. Sie können zu Unsicherheit und Skepsis führen. Ethische wie religiöse Fragen müssen dabei beantwortet werden. Ein Beispiel ist die Forschung zum sogenannten „Transhumanismus", einer Vermischung von technischer Entwicklung und menschlichem Körper. Genomik, Neurowissenschaft, Robotik, Nanotechnologie und künstliche Intelligenz spielen dabei eine wichtige Rolle: Sie können „Menschen klüger, gesünder, glücklicher und stärker machen", das Altern gilt als eine „schlimme Krankheit". Dies macht deutlich, dass die Haltung

zur Technik (Angst, Skepsis, Gewöhnung/Akzeptanz, Utopie) durch eine ethisch verantwortliche Praxis beeinflusst werden kann. Ein technologisch fundiertes Gesamtkonzept kann eine zukunftsweisende Strategie zur Erhaltung des sozialen Versorgungssystems bieten, da der demographische Wandel den Anteil der Pflegebedürftigen steigen und die Zahl potenzieller Pflegepersonen sinken lässt. Dabei ist ein intuitives Interaktionsdesign zur Akzeptanzsteigerung förderlich. Der technische Fortschritt ist in langfristiger Perspektive ein Element, der demographischen Verschiebung gerecht zu werden.

Dennoch müssen Probleme der Wartung, der Anpassungsfähigkeit, aber auch ethische und moralische Konflikte gelöst werden, damit Prototypen als Serienmodelle mit einem funktionierenden Geschäftsmodell auf den Markt kommen. Daneben müssen ebenfalls Fragen der Datensicherheit und rechtlichen Rahmenbedingungen glaubwürdig beantwortet werden.

Trend 7: Mobilität – *Die Lebensqualität und –zufriedenheit werden von den Mobilitätsmöglichkeiten direkt beeinflusst. Der ländliche Raum ist von Abkopplung und Mobilitätsbarrieren direkt gefährdet. Dadurch müssen neue Formen des Nahverkehrs überprüft werden, die auch vom Ehrenamt abhängig sind.*

Die Lebensqualität und –zufriedenheit sowie die soziale Teilhabe werden von den Mobilitätsmöglichkeiten direkt beeinflusst. Allerdings entscheiden auch das Bildungsniveau, die ökonomische, soziale und geografische Lage über mögliche Mobilitätsbarrieren. Die Verschiebung der Altersstruktur, die Abwanderung, Entjüngung und Alterung sowie die mögliche Abkopplung auf dem Land haben direkte Konsequenzen für die zukünftige Mobilitätsentwicklung. Hinzukommt, dass im Alter gesundheitsbedingt das Risiko des Mobilitätsverlusts und fehlender Beweglichkeit wächst. Ziel ist somit, die lebenslange Mobilität als Grundbedürfnis zu sichern.

Dabei ist der PKW gerade bei jüngeren Menschen als Prestigeobjekt immer weniger relevant, jedoch muss man weiterhin mobil sein. Diese Überzeugung wird die jüngere

Generation mit ins Alter nehmen. Um die PKW-Abhängigkeit zu senken wird eine flexible Vernetzung unterschiedlicher Verkehrsmittel angestrebt (Bus, Bahn, zu Fuß, Fahrrad, Rufbus, Anrufsammeltaxi usw.). Ehrenamtliches Engagement bildet eine bedeutende Stütze des Nahverkehrs. Jedoch steigen ältere Menschen eher von der PKW-Nutzung auf das Fahrrad oder zu Fuß um, als den ÖPNV zu benutzen. Gründe sind Unsicherheit und Ängste (Komplexität, Digitalisierung), aber auch unattraktive Routen und Fahrzeiten. Schulungen und Trainings können dabei helfen, digitale Dienstleistungen zu nutzen. Die Vernetzung von Mobilitätsdienstleistern (Paketdienste, Busse, Abholdienste, Lieferdienste usw.) stellt eine weitere Lösung dar, aber auch Produktlieferungen zu den älteren Menschen auf dem Land, beispielsweise durch Verkaufswagen und Dorfläden. Für ältere Menschen ist die Aneignung von digitaler Kompetenz notwendig, um technische Hilfsmittel, wie mobile Dienstleistungen und Assistenzsysteme optimal anwenden zu können. Diese haben das Potenzial, die Altenbetreuung und Pflege zu revolutionieren. Ein Beispiel ist die Entwicklung von Exoskelettrobotern zur Unterstützung des Körpers.

Das Ziel 11 der Sustainable Development Goals (SDG) ,Nachhaltige Städte und Siedlungen' definiert auf globaler Ebene die zukünftigen Rahmenbedingungen der Mobilität. Die Absicht ist bis 2030 ein nachhaltiges Verkehrssystem für alle aufzubauen, mit besonderem Schwerpunkt auf öffentliche Verkehrsmittel. Auf internationaler Ebene ist die Dekarbonisierung der Mobilität das Ziel, auf individueller Ebene steigt das Umwelt- und Gesundheitsbewusstsein. Somit werden umweltfreundliche Alternativen zum PKW auf mehreren Ebenen verlangt. Ältere Menschen werden in Zukunft gesünder, aktiver und mobiler und benötigen dafür das passende, flexible Mobilitätsangebot auch ohne PKW. Dies muss besonders im ländlichen Raum durch eine Verbesserung der Infrastruktur realisiert und auf Bundes-, Landes- und Kommunalebene mit angepassten Strategien gefördert werden. Eine ganzheitliche, barrierefreie und flexible Verkehrsinfrastruktur wird auf allen politischen Ebenen gefordert, die in einem partizipativen Prozess aller betroffenen Akteure beschlossen werden sollte. Die Kreise Nordfriesland und Segeberg haben dazu generationenübergreifende Zukunftsstrategien entwickelt,

um den Entwicklungen durch den demographischen Wandel entgegenzutreten: Paten-ticket, Bürgerbus, Mobilitätsgutscheine für SeniorInnen, Marktbusse, Rufbusse, App-Entwicklungen für Car- und Pedelec-Sharing Angebote, Mitfahrnetzwerk.

Trendanalysen in Zusammenhang mit den UN-Nachhaltigkeitszielen

Die Entwicklungen der sieben hier untersuchten zentralen Trends zum Themenfeld „Al-tenhilfe" beeinflussen auch die Zielerreichung der UN-Nachhaltigkeitsziele (in Englisch SDGs – Sustainable Development Goals) auf internationaler Ebene. Zu jedem Trend wurden die betroffenen SDGs aufgezeigt und im jeweiligen Trend-Abschnitt begründet. Nun ist man sich international über das Prinzip der Vernetzung der Ziele bewusst, kein Ziel kann erreicht werden, ohne dass der Weg zu und das Ziel selbst beeinflusst wird.[16] Dies macht die Komplexität deutlich. Für das Projekt ZASH2045 konnte so ein Mind-map gebildet werden, indem das Themenfeld Altenhilfe mit der Frage „Wie können wir überall alt werden?" im Zentrum steht. Die zukünftige Entwicklung dieses Schwer-punkts wird von den sieben Trends direkt beeinflusst. Diese Entwicklungen wiederum beeinflussen die Zielerreichung der universalen SDGs. Durch die Analyse wurde zudem deutlich, dass nicht alle SDGs gleichgewichtet angesprochen werden. Die Größe und Form der „SDG-Blasen" veranschaulicht den Grad an Interaktion zwischen den Trenda-nalysen und dem Nachhaltigkeitsziel. Beispielsweise wird dadurch klar, dass das dritte Nachhaltigkeitsziel („Gesundes Leben für alle") von besonderer Bedeutung für das Themenfeld Altenhilfe ist (Abbildung 6).

---

[16] Siehe auch Le Blanc 2015

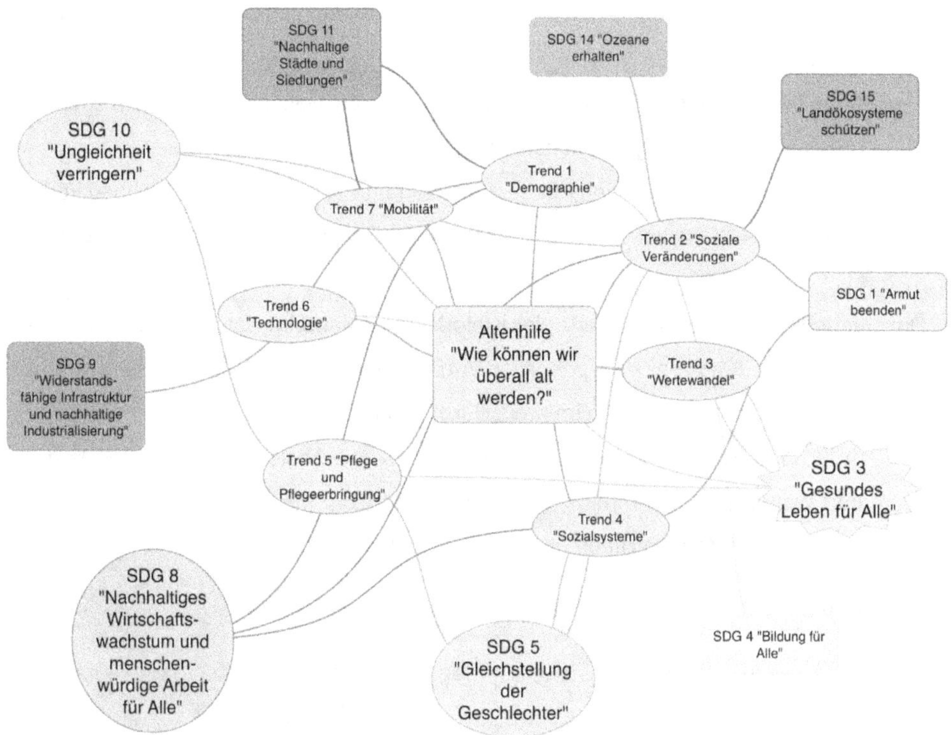

Abbildung 6: Interaktions-Netzwerk der Trendanalysen mit den SDGs

Diese Entwicklungen sind im Kontext der beiden Laborregionen zu sehen, die in vielfältiger Weise in das Projekt eingebunden wurden: durch Mitglieder im Beirat, als Standorte für beide Wellen der Zukunftswerkstätten und durch eine Reihe sogenannter „Kleiner Zukunftsprojekte". Wir stellen beide Laborregionen kurz vor:

Kreis Nordfriesland

- Die Fläche beträgt 2082,8 km² mit 164.000 Einwohnern (Stand 2015). Die Bevölkerungsdichte beträgt 79 EinwohnerInnen pro km².

- Insgesamt zählt der Kreis 133 Gemeinden mit 7 Städten und zwei amtsfreien Gemeinden.

- Besonders interessant für die vorliegende Studie ist die Prognose, dass in den Kreis „auch zukünftig viele ältere Menschen ziehen, die an Nord- und Ostsee ihren Ruhestand

verbringen wollen. Wegen der schon seit Jahren anhaltend hohen Zuwanderung Älterer ist in diesen Kreisen in den nächsten Jahren auch mit vergleichsweise hohen Sterbezahlen zu rechnen".

- Traditionell ist die Landwirtschaft prägend, aber auch die Gesundheitsmedizin sowie die Tourismus- und Windenergiebranche boomen.

- Seit 2010 besitzt der Kreis einen Pflegestützpunkt und zählt auch in der jetzigen Förderphase von 2014-2020 als AktivRegion (Nord, Südliches Nordfriesland, Eider-Treene-Sorge).

- Im Gesundheitsbereich publizierte der Kreis Nordfriesland im Jahr 2010 einen Endbericht zur „Erarbeitung von konzeptionellen Vorschlägen für eine zukunftssichere integrierende medizinische Versorgung im Kreis Nordfriesland".

- Im Jahr 2011 entstand der Masterplan Daseinsvorsorge „Kreis Nordfriesland – Gemeinsam den Wandel gestalten" mit einem Planungshorizont bis 2025 mit der Empfehlung einer „dezentralen Konzentration" in der Daseinsvorsorge.

Kreis Segeberg

- Der Kreis feierte 2017 seinen 150. Geburtstag.

- Er umfasst eine Fläche von 1344,4 km². Im Jahr 2015 war ein Stand von 267.500 EinwohnerInnen zu verzeichnen. Die Bevölkerung wuchs in den letzten 150 Jahren stetig an.

- Der Kreis besteht aus fünf Städten, zwei amtsfreien Gemeinden, acht Ämtern und einem Forstgutsbezirk (zugehörig zum Amt Leezen).

- Kreis Segeberg liegt im Dreieck von Hamburg, Lübeck und Kiel und ist bekannt durch die jährlichen Karl-May-Spiele.

- Noch heute werden 70,9% der Fläche landwirtschaftlich genutzt.

- Der Wirtschaftsschwerpunkt liegt auf der A7-Achse. Dort haben sich Bereiche wie Chemie, Maschinenbau, medizinische Produkte, Kunststoffverarbeitung, Ernährungsindustrie und der Möbeleinzelhandel angesiedelt. Relevant ist die Städtekooperation NORDGATE, die zweitstärkste Wirtschaftsregion in Schleswig-Holstein.

- Im Jahr 2009 wurde der Leitfaden „Älter werden im Kreis Segeberg – Kommunale Gestaltungsoptionen zwischen Chance und Risiko" des Kreistags verabschiedet. Eine quartiersbezogene, kommunale Altenhilfe steht im Vordergrund und der Kreis als Gestalter - Strategie der Dezentralisierung in der Altenhilfe.

- Der Kreis war bis Ende 2016 Teilnehmer des Leitprojekts ‚Demographie und Daseinsvorsorge' in der Metropolregion Hamburg. Das Teilprojekt des Kreises lautete „Kreis Segeberg 2030. Schaffung zukunftsfähiger Grundlagen für die Lebenswelt der Menschen im Kreis Segeberg" (2016).

2.2 Zukunftswerkstätten

Die partizipative Methode der Zukunftswerkstatt hat zum Ziel Lösungsvorschläge oder Umsetzungsstrategien zu einem Thema oder einem Problem zu entwickeln. Sie besteht neben der Einstiegs- und Ausstiegsphase aus drei weiteren Phasen:

1) Kritikphase, um den Kopf für neue Ideen freizubekommen
2) Fantasie-, Ideen- oder Utopiephase als Kontra gegen die vorherige Phase
3) Umsetzungs-, Verwirklichungsphase, um auf den „Boden der Tatsachen" zurückzugelangen und einen Handlungsplan zu gestalten[17]

Positiv an dieser Methode ist, dass sie „kreativitätsfördernd, aktivierend, handlungs- und teilnehmerorientiert und demokratisch" ist und „befähigt zur Eigenverantwortung und Selbstinitiative". Sie ist „ergebnisorientiert, mobilisiert und motiviert langfristig".[18] Nachteile sind der hohe Aufwand, ein möglicher Zeitdruck und die hohen Anforderungen an die Moderation. Grundlage dafür ist ein gut ausgearbeiteter Katalog an Leitfragen, der im Projekt mit der Morphologischen Matrix vorlag.

In der ersten Welle von zwei Zukunftswerkstätten im März 2017 (Rickling, Garding) wurden die komplexen Trendanalysen mit Hilfe einer Morphologischen Matrix in Teilszenarien untergliedert, die von den TeilnehmerInnen in mehreren Arbeitsschritten auf je zwei utopische und dystopische Szenarien konzentriert wurden. Diese sollten die Grundlage der von Juni bis August 2017 laufenden Online-Befragung bilden.[19]

---

[17] Die verwendeten Methoden (Phantasiereise, Kraftfeldanalyse, Hot-Spot Whatness und das World-Café) werden ausführlich im ISÖ-Text 2017-3 erklärt und ausgewertet (Opielka/Peter 2017c).

[18] Bundeszentrale für politische Bildung 2017

[19] Der Prozess bis dahin wurde im Zwischenbericht (ISÖ-Text 2017-1) detailliert dokumentiert und analysiert (Opielka/Peter 2017a).

Die Morphologische Matrix ist eine in der Zukunftsforschung häufig genutzte Methode und wurde vom Physiker Fritz Zwicky unter dem Begriff des „morphologischen Kastens" entwickelt, „einer systematisch-analytischen Kreativitätstechnik".[20] Im ersten Schritt werden zu den erarbeiteten Schlüsselfaktoren relevante Ausprägungen (Hypothesen) formuliert und in eine Matrix eingetragen. Deren Kombinationen ergeben das morphologische Feld.[21] Somit wird die Analyse von nicht (oder schwer) quantifizierbaren und multidimensionalen Problemen möglich.[22] Dies hat zum Ziel „to explore possible futures in a systematic way by studying all the combinations resulting from the breakdown of a system".[23] Nach Erarbeitung der Ausprägungen und dem Eintrag in die n-dimensionale Matrix ist der nächste Schritt deren Kombination auf intuitive oder systematische Weise, um Szenarien zu entwickeln. Das wird auch „Cross-consistency assessment" (CCA) genannt, womit schwache Ausprägungen identifiziert werden können und ein sogenannter „audit trail" entsteht, der den Prozess nachvollziehbar macht.[24]

Vorteil dieser kreativen Methode ist die zunächst gesonderte Betrachtung der Schlüsselfaktoren und deren Ausprägungen sowie die anschließende systematische Kombination. Damit wird eine hohe Transparenz und Dokumentation gewährleistet. Nachteile sind der Entscheidungsaufwand wie die normative Bedeutsamkeit der Ausprägungen sowie das Überforderungsrisiko der Workshop-TeilnehmerInnen.

Die morphologische Matrix bildete im Projekt die zentrale methodische Achse, die am Ende zu den Szenarien führte. Sie war über die Ausprägungen von Indikatoren der Pfad zu Komplexitätsreduzierung und der Verbindung von Trendanalyse zum Wünschenswerten. Sie erwies sich damit als eine nachvollziehbare, transparente und reproduzierbare, wissenschaftliche Strategie.

---

[20] Kosow u.a. 2008, S. 49

[21] Kosow u.a. 2008, S. 50

[22] Ritchey 1998, S. 1

[23] Kosow u.a. 2008, S. 49

[24] Ritchey 1998, S. 8

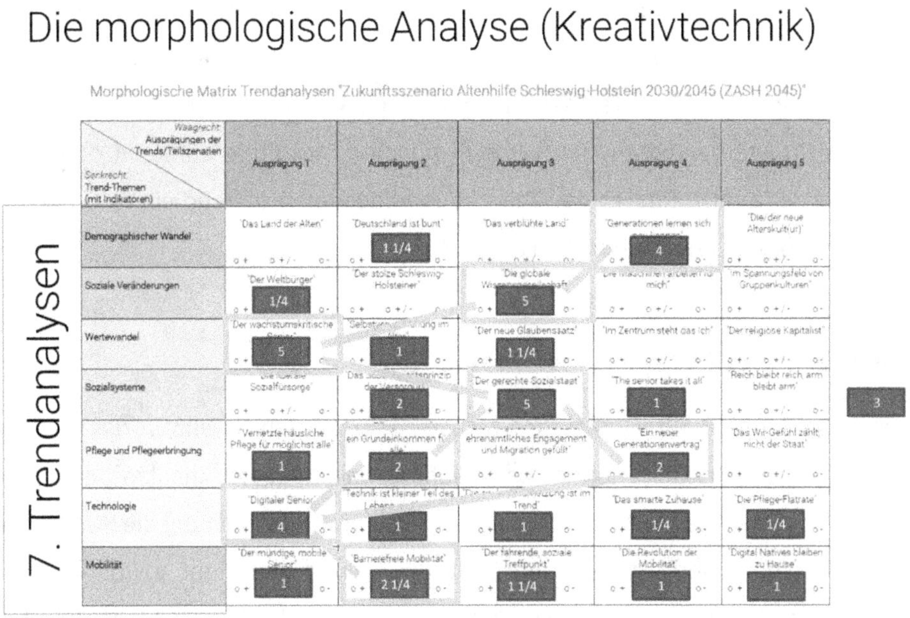

Die morphologische Analyse (Kreativtechnik)

Morphologische Matrix Trendanalysen "Zukunftsszenario Altenhilfe Schleswig-Holstein 2030/2045 (ZASH 2045)"

7. Trendanalysen

Waagrecht: Ausprägungen der Trends/Teilszenarien – Senkrecht: Trend-Themen (mit Indikatoren)	Ausprägung 1	Ausprägung 2	Ausprägung 3	Ausprägung 4	Ausprägung 5
Demographischer Wandel	'Das Land der Alten'	'Deutschland ist bunt' (1 1/4)	'Das verblühte Land'	'Generationen lernen sich …' (4)	'Die/der neue Alterskult(ur)'
Soziale Veränderungen	'Der Weltbürger' (1/4)	'Der stolze Schleswig-Holsteiner'	'Die globale Wi…' (5)	'… mich'	'Im Spannungsfeld von Gruppenkulturen'
Wertewandel	'Der wachstumskritische …' (5)	'Selbst… …ung im …' (1)	'Der neue Glaubenssatz' (1 1/4)	'Im Zentrum steht das Ich'	'Der religiöse Kapitalist'
Sozialsysteme	'… Sozialfürsorge'	'Das … …prinzip …' (2)	'Der gerechte Sozialstaat' (5)	'The senior takes it all' (1)	'Reich bleibt reich, arm bleibt arm'
Pflege und Pflegeerbringung	'Vernetzte häusliche Pflege für möglichst alle' (1)	'… ein Grundeinkommen f… …' (2)	'… ehrenamtliches Engagement und Migration gefüllt'	'Ein neuer Generationenvertrag' (2)	'Das Wir-Gefühl zählt, nicht der Staat'
Technologie	'Digitaler Senior' (4)	'Technik ist kleiner Teil des Lebens …' (1)	'… ist im Trend' (1)	'Das smarte Zuhause' (1/4)	'Die Pflege-Flatrate' (1/4)
Mobilität	'Der mündige, mobile Senior' (1)	'Barrierefreie Mobilität' (2 1/4)	'Der fahrende, soziale Treffpunkt' (1 1/4)	'Die Revolution der Mobilität' (1)	'Digital Natives bleiben zu Hause' (1)

3

Die morphologische Analyse (Kreativtechnik)

Morphologische Matrix Trendanalysen "Zukunftsszenario Altenhilfe Schleswig-Holstein 2030/2045 (ZASH 2045)"

7. Trendanalysen

Waagrecht: Ausprägungen der Trends/Teilszenarien – Senkrecht: Trend-Themen (mit Indikatoren)	Ausprägung 1	Ausprägung 2	Ausprägung 3	Ausprägung 4	Ausprägung 5
Demographischer Wandel	'Das Land der Alten'	'Deutschland ist bunt'	'Das verblühte Land'	'Generationen lernen sich neu kennen'	'Die/der neue Alterskult(ur)'
Soziale Veränderungen	'Der Weltbürger'	'Der stolze Schleswig-Holsteiner'	'Die globale Wissensgesellschaft'	'Die Maschinen arbeiten für mich'	'Im Spannungsfeld von Gruppenkulturen'
Wertewandel	'Der wachstumskritische Senior'	'Selbst…verwirklichung im Alter'	'Der neue Glaubenssatz'	'Im Zentrum steht das Ich'	'Der religiöse Kapitalist'
Sozialsysteme	'Die liberale Sozialfürsorge'	'Das Subsid…prinzip der Versorgung'	'Der gerechte Sozialstaat'	'The senior takes it all'	'Reich bleibt reich, arm bleibt arm'
Pflege und Pflegeerbringung	'Vernetzte häusliche Pflege für möglichst alle'	'Keine Pflegearmut durch ein Grundeinkommen für alle'	'… ehrenamtliches Engagement und Migration gefüllt'	'Ein neuer Generationenvertrag'	'Das Wir-Gefühl zählt, nicht der Staat'
Technologie	'Digitaler Senior'	'Technik ist kleiner Teil des Lebens im Alter'	'Die analoge Vernetzung ist im Trend'	'Das smarte Zuhause'	'Die Pflege-Flatrate'
Mobilität	'Der mündige, mobile Senior'	'Barrierefreie Mobilität'	'…nde, soziale Treffp…'	'Die Revolution der Mobilität'	'Digital Natives bleiben zu Hause'

Abbildung 7: Vergleich der finalen Utopie-Szenarien in Rickling und Garding (1. Workshop-Welle)

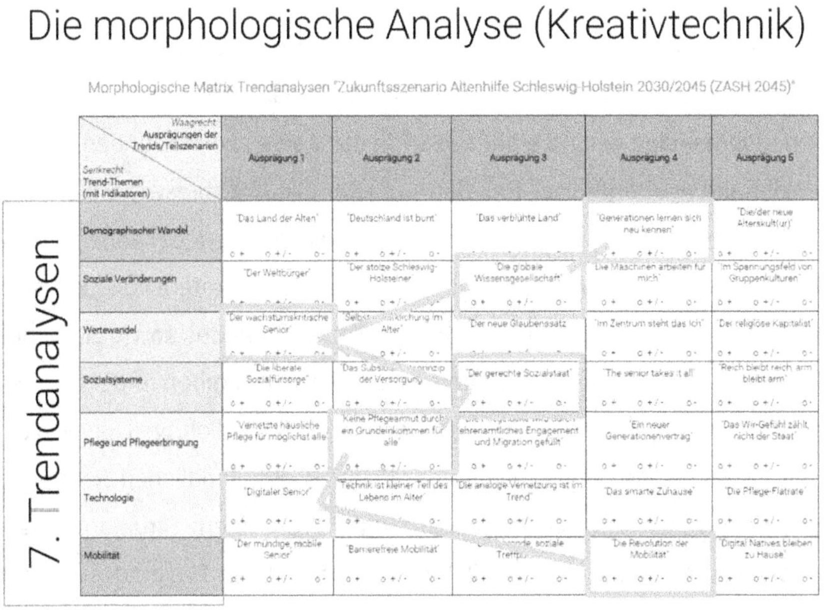

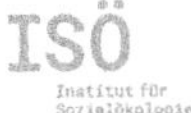

In der ersten Welle der Zukunftswerkstätten wurde die morphologische Matrix in kleinen Gruppen gründlich bearbeitet. Jede Gruppe stellte am Ende dieser Phase ihr Szenario vor. Es wurde erörtert, ob sich die ausgewählten Szenarien ähneln, ob etwas fehlt und welche Punkte hervorgehoben werden müssten. Am Ende entstand durch die Summierung der am häufigsten gewählten Ausprägungen pro Trend ein favorisiertes Utopie-Szenario pro Laborregion (Abbildung 7).

Reflexion der ersten Welle Zukunftswerkstatt

Die ersten beiden Zukunftswerkstätten (März 2017) zeigten bereits in der Teilnahmerekrutierung ein Strukturproblem des gewählten partizipativen Ansatzes, das auch in der zweiten Workshop-Welle nicht vollständig gelöst werden konnte: die Konzentration auf die beiden Laborregionen schränkte die Teilnahmestruktur sowohl geographisch wie sozialstrukturell ein. Interessenten außerhalb der Laborregionen fühlten sich überwiegend nicht angesprochen. Die Veranstalterschaft Diakonisches Werk wiederum scheint potentielle TeilnehmerInnen außerhalb des eigenen und des kommunalpolitischen Feldes nicht angezogen zu haben. So wurde das Fehlen von Verantwortlichen der Kirchengemeinden genauso bedauert wie das Fehlen von ÄrztInnen, Vertretern anderer Wohlfahrtsverbände, der Privaten Anbieter, die in Schleswig-Holstein in der Regel unterhalb der öffentlichen Wahrnehmungsschwelle gegenüber anderen Bundesländern außerordentlich einflussreich sind, aber auch von Vertretern von Exklusion bedrohter Gruppen wie Behinderte (ein Vertreter des Sozialverbandes sowie die Behindertenbeauftragte des Kreises Segeberg nahmen an einem Workshop in der zweiten Welle teil) oder Migranten. Letzteres ist vor allem deshalb bedauerlich, weil das Projekt sich gerade mit Kompensationsstrategien zur Entleerung des ländlichen Raums infolge der demographischen Entwicklung beschäftigt.[25] Von einem Strukturproblem müssen wir deshalb sprechen, weil es im Rahmen des gewählten Projektdesigns nur sehr schwer lösbar scheint. Wir hatten, dies antizipierend, daher von vornherein eine

---

[25] Akademie für die ländlichen Räume 2017

Online-Befragung vorgesehen, bei der auch eine Partizipation außerhalb der hergebrachten Rekrutierungskanäle wahrscheinlich erschien. Dies gelang durchaus, für die Online-Beteiligung mobilisierte das Projektbüro des Auftraggebers sehr breit.[26]

Als ein zweites, allerdings weniger strukturelles, vielmehr kulturelles und psychologisches Problem erwies sich die Mobilisierung von Zukunftsenergien, insbesondere zur Imagination einer von der Gegenwart (und damit auch der Vergangenheit) abweichenden Zukunft. In der zweiten Zukunftswerkstatt der ersten Workshop-Welle wurde daher das Instrument der Phantasiereise eingesetzt, mit der es für die meisten TeilnehmerInnen möglich war, sich in das Jahr 2045 zu versetzen. Ergebnisse dieser imaginativen Methode wurden im Rahmen der Zukunftskonferenz in Wandbeschriftungen präsentiert (siehe Kapitel 3).

Schließlich zeigten beide Zukunftswerkstätten der ersten Workshop-Welle, dass Interventionen von außen erforderlich waren, um den Wahrnehmungsmodus auf Zukunft zu stellen. Dies geschah durch ein Bündel von Interventionen. Zum einen durch die vorher allen TeilnehmerInnen in einer Lang- und Kurzfassung zur Verfügung gestellten Trendanalysen, die nach der ersten Workshop-Welle im Zwischenbericht integriert wurden.[27] Die Trendanalysen bildeten wiederum die Grundlage für die Arbeit mit der Morphologischen Matrix und damit der Konstruktion von Szenarien. Mit diesem Methodenbündel und zusätzlich der Phantasiereise gelang in beiden Zukunftswerkstätten eine Sensibilisierung für langfristige Zukunftsperspektiven und damit die Generierung von insgesamt vier gehaltvollen Szenarien für die Zukunft der Altenhilfe in Schleswig-Holstein, die dann in der Online-Beteiligung zu Diskussion und zum Voting gestellt wurden.

Die zweite Workshopwelle fand im September 2017 in Form von zwei Zukunftswerkstätten in den Laborregionen statt, am 7.9.2017 in Henstedt-Ulzburg im Kreis Segeberg und am 8.9.2017 in Tönning im Kreis Nordfriesland. Mit jeweils 19 TeilnehmerInnen[28]

---

[26] Siehe dazu die Übersicht in Opielka/Peter 2017a, S. 17

[27] Opielka/Peter 2017a

[28] Im Kreis Segeberg waren es mit Moderatoren, Mitarbeiter des DW SH und des ISÖ insgesamt 25 TeilnehmerInnen, im Kreis Nordfriesland 26 TeilnehmerInnen.

hatte sie die Aufgabe des „Szenario-Transfers" - von wünschenswert zu wahrscheinlich.

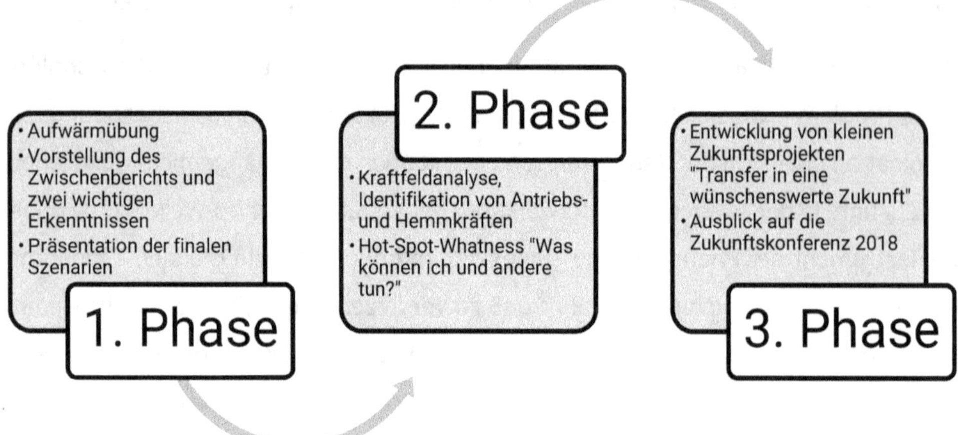

Abbildung 8: Ablauf der zweiten Zukunftswerkstatt

Reflexion der zweiten Welle Zukunftswerkstatt

Vielleicht das wichtigste Ergebnis der Online-Beteiligung war die Gegenläufigkeit der wünschenswerten und wahrscheinlichen Zukunftszenarien: **Was die TeilnehmerInnen ganz überwiegend für wünschenswert halten, halten sie für wenig wahrscheinlich.** Ob man dies einem nördlichen, protestantisch geprägten Realismus zurechnet oder einem Zeitgeist der „Alternativlosigkeit", kann hier dahingestellt bleiben. Wenn wir jedoch die in der zweiten Workshop-Welle eingesetzte Methode der „Kraftfeldanalyse" auf uns selbst beziehen, so müssen wir feststellen, dass beide Zukunftswerkstätten in der zweiten Workshop-Welle sehr stark der Gegenwart verhaftet geblieben sind. Dies ließe sich mit dem Workshop-Ziel des Szenario-Transfers erklären, der eben an den gegenwärtigen Verhältnissen ansetzt und eine Step-by-Step-Strategie nahelegt.

Die bemerkenswerte Zukunftsvermeidung zeigte sich beispielsweise darin, dass das Thema Grundeinkommen nur in der ersten Zukunftswerkstatt (Kreis Segeberg) als ein Zukunftsthema mit Projektcharakter aufkam, dabei speziell das Thema Wording, nicht die Finanzierung oder andere Implementationsfragen. Es wurde sofort ein Bezug zur

Neid-Debatte, zu Umverteilungsproblem und einer von vielen erlebten Zweiklassenge-sellschaft hergestellt, das gesellschaftliche Strukturproblem wurde also durchaus er-kannt, die TeilnehmerInnen erlebten sich dann aber als gebannt durch die Komplexität gesellschaftlicher Reformprojekte.

Intensiv diskutiert wurde in der zweiten Workshop-Welle die Rolle des Ehrenamts und seiner Position in der Gesellschaft. Als klarer Konsens zeichnete sich ab: **Ehrenamt braucht Hauptamt**, benötigt eine Anerkennung des Engagements, gerade angesichts der sinkenden langfristigen Bindungsbereitschaft. Hier kreuzten sich weitere bedeu-tende, in beiden Zukunftswerkstätten diskutierte Themen: die von einigen Teilnehme-rInnen beklagte „Trägheit der Generation Y", die den Generationenvertrag gefährden könnte und möglicherweise mit dem Personalmangel in der Pflege zusammen hängt.

Methodisch zeigte sich, dass die als Verlangsamungs- und Konzentrationsstrategie eingesetzten „Whatness"-Methode die TeilnehmerInnen zu sehr auf sich selbst bezieht und im Wesentlichen bekanntes Wissen mobilisiert. Das wirft auch ethische Probleme auf, die sich uns als wissenschaftliche Träger dieses Forschungs- und Entwicklungs-projektes stellen: Wie sehr strukturieren wir durch unsere Interventionen und Selektio-nen den Prozess der Zukunftsszenarien? Andererseits aber auch: Wie wird der Prozess relevant, erreicht die Stakeholder der Altenhilfe der Zukunft ohne sie nur in ihren be-kannten Gewissheiten zu beruhigen?

2.3 Online-Erhebung

Ein webbasiertes Informations- und Dialogangebot sollte weiteren Interessierten auf lokaler, aber auch überregionaler Ebene die Chance geben, sich am Prozess zur For-mulierung von Zukunftsszenarien der Altenhilfe der nächsten 15-30 Jahre zu beteili-gen. Dafür wurde mit dem Büro Battenberg eine Online-Plattform für das Projekt ent-wickelt (www.zash2045.de). Auf ihr konnte man neben allgemeinen Informationen zum Projekt auch den Zwischenbericht herunterladen (unterdessen alle weiteren Ver-öffentlichungen) und man konnte sich bis zum 6. August 2017 an der Online-Bewer-tung der vier Szenarien und weiterer Fragen über die Altenhilfe beteiligen. Sie war in

drei Stufen aufgebaut, wobei die ersten beiden Stufen in einem Modul zusammengefasst wurden. Die dritte Stufe knüpfte an das Modul an, war jedoch zeitintensiver und daher optional. Diese Aufteilung sollte die Gefahr hoher Abbruchraten minimieren, was auch gelang.[29]

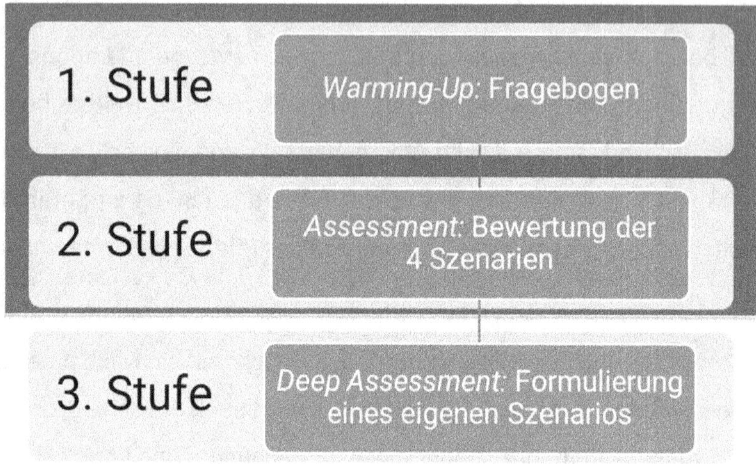

Abbildung 9: Dreistufiges lineares System der Online-Beteiligung ZASH2045

Das „Warming-Up" bestand aus einem Fragebogen. Dieser begann mit der anonymisierten Abfrage von demographischen Angaben. Damit werden zum einen ethische Standards einer Befragung erfüllt, zum anderen minimiert man die sogenannte „Bewertungsangst".[30] Danach folgten Fragen über die Einstellung des Befragten und die persönlichen Erwartungen im Alter. Dieser Abschnitt beinhaltete Fragen aus dem Deutschen Alterssurvey, um eine Vergleichbarkeit der Ergebnisse zu ermöglichen, Repräsentativität konnte mit dem gewählten Verfahren nicht erreicht werden.[31]

---

[29] Bortz/Döring 2006, S. 152

[30] Bortz/Döring 2006, S. 101 & 123

[31] Der Deutsche Alterssurvey (DEAS) konzentriert sich auf „Lebenssituationen und Alternsverläufe der Menschen in der zweiten Lebenshälfte" seit 1996 (Klaus/Engstler 2017, S. 29). An den bisher fünf Erhebungen haben 20.715 Personen teilgenommen. Der daraus gewonnene qualitativ hochwertige und über die Jahre vergleichbare Datensatz ermöglicht „eine fundierte Sozialberichterstattung über einen langen Zeitraum hinweg und zu einer Vielzahl alter(n)srelevanter Themen und Fragen" (Klaus/Engstler 2017, S. 29f.). Relevant für das Projekt ZASH2045 sind die DEAS-Schwerpunkte „Arbeit und

Der Fragebogen wurde mit einer Frage speziell zu den Laborregionen und deren individueller Strategie der Daseinsvorsorge[32] abgeschlossen.[33]

Im zweiten Teil des Moduls konnten die vorab entwickelten normativen Szenarien bewertet werden. Es wurden zu jedem Szenario zwei Fragen gestellt: „Wie wünschenswert ist für Sie das Szenario x?" und „Wie wahrscheinlich ist für Sie das Szenario x?". Es bestand keine Verpflichtung, sich zu allen Szenarien zu äußern. Die Antworten liefern die Information, ob sich die Meinungen über ein wahrscheinliches und wünschenswertes Szenario überschneiden oder ob die beiden Fragen konträr beantwortet werden. Das sollte Aufschluss darüber geben, wie die zweite Zukunftswerkstatt zum Szenario-Transfer gestaltet werden konnte.

Der dritte und optionale Schritt, das sogenannte „Deep Assessment", bot die Möglichkeit der Erstellung eines eigenen Szenarios. Wie in der ersten Zukunftswerkstatt zur Szenario-Generierung sollte auf Basis der Morphologischen Matrix eine Ausprägung pro Trend gewählt werden. Die Zusammenfassung der ausgewählten Ausprägungen der insgesamt sieben Trends ergab damit ein neues Szenario. Somit wurde den TeilnehmerInnen an der Befragung die Möglichkeit offen gelassen, sich nicht nur für eines der vier schon bereits formulierten Szenarien zu entscheiden, sondern ein eigenes Szenario zu gestalten. Damit öffnete das ISÖ-Team erneut den Beteiligungsrahmen und wollte einen Raum für noch nicht repräsentierte Gedanken bereitstellen.

Die Ergebnisse (und die Methodik) der Online-Befragung wurden ebenfalls öffentlich zugänglich dokumentiert und bildeten die Grundlage für die zweite Welle der Zukunftswerkstätten im September 2017 (Henstedt-Ulzburg, Tönning). Dazu wurden die vier Szenarien auf zwei Szenarien verdichtet, da die überraschende Erkenntnis der Auswertung der Online-Beteiligung eine Gegenläufigkeit von „wünschenswerten" und „wahr-

---

Ruhestand", „Wohnen und Wohnumfeld", „Einstellungen und Altersbilder" sowie „Lebenszufriedenheit und psychisches Wohlbefinden" (Klaus/Engstler 2017, S. 31f.).

[32] Daseinsvorsorge „bezeichnet die grundlegende Versorgung der Bevölkerung mit wesentlichen Gütern und Dienstleistungen durch den Staat und/oder von der öffentlichen Hand geförderten Organisationen." (Schäfer o.J.)

[33] Der Kreis Segeberg verfolgt die Strategie der „dezentralen Daseinsvorsorge", der Kreis Nordfriesland eine „dezentrale Konzentration" (dazu Opielka/Peter 2017a, S. 33ff.)

scheinlichen" Szenarien war. **Die überwiegend als „wünschenswert" bewertete Zukunft galt zugleich mehrheitlich als wenig „wahrscheinlich".** Ziel dieser Workshops war daher die Entwicklung von Transfers, von Operationalisierungen vor allem des wünschenswerten Szenarios. Bemerkenswert war allerdings, dass die auch mentalen Beharrungskräfte erheblich sind. Es erwies sich als außerordentlich schwierig, das „eigentlich" als wünschenswert bezeichnete Szenario konkret zu denken. Ergebnisse und Methodik der beiden Workshop-Wellen wurden ebenfalls öffentlich dokumentiert.[34]

Vergleich der Ergebnisse der Online-Erhebung mit dem Alterssurvey

Der Deutsche Alterssurvey (DEAS), der seit 1996 durch das Deutsche Zentrum für Altersfragen (DZA) erhoben wird, ist eine bundesweit repräsentative Quer- und Längsschnittbefragung[35] von Personen, die sich in der zweiten Lebenshälfte befinden (d. h. 40 Jahre und älter sind), gefördert durch das Bundesministerium für Familie, Senioren, Frauen und Jugend (BMFSFJ). Die umfassende Untersuchung von Personen im mittleren und höheren Erwachsenenalter stellt Mikrodaten[36] bereit, zuerst 1996, weitere Befragungen folgten 2002, 2008, 2011 und 2014. Um eine Vergleichbarkeit und damit eine gewisse Gültigkeit (Validität) der Daten zu ermöglichen, wurden für das ZASH2045-Projekt relevante Fragen aus dem Deutschen Alterssurvey übernommen und wortgetreu in der Online-Beteiligung gestellt. Für die Auswertung wurde der 2017 erschienene Gesamtbericht des Alterssurvey 2014 genutzt[37] und darin insbesondere das Kapitel 22 zu individuellen Altersbildern.[38] Um seriös vergleichen zu können, wurde auf die Rohdaten des DEAS 2014 zugriffen, die dem ISÖ durch das DZA zur Verfügung

---

[34] Opielka/Peter 2017c

[35] Unter einer Querschnittsbefragung versteht man eine Befragung mit der Berücksichtigung unterschiedlicher demographischer Aspekte der Befragten. Eine Längsschnittbefragung kann auch „Wiederholungsbefragung" genannt werden, also eine Befragung über einen längeren Zeitabschnitt mit mehreren Phasen.

[36] Mikrodaten sind im Gegensatz zu Makrodaten die Befragung und Datengewinnung von Individuen und nicht einer Gruppe, Gesellschaft etc.

[37] Mahne u.a. 2017

[38] Beyer u.a. 2017

gestellt wurden.[39] Der Vergleich mit den Daten des DEAS dient *ausschließlich* der Plausibilisierung der Online-Beteiligung und damit der Szenario-Generierung durch Online-Bewertung. Es wird nicht der Anspruch erhoben, auf diesem Umweg zu repräsentativen Aussagen zu gelangen.

Bevor wir die Daten im Einzelnen vorstellen, vergleichen und diskutieren, soll noch eine grundsätzliche Frage angesprochen werden. Sie betrifft das Verhältnis von Individuum und Gesellschaft in Bezug auf Altersbilder und Zukunftsvorstellungen und sie strukturierte auch die ausführliche Auswertung[40] der Online-Beteiligung: zunächst schauen wir aus der Perspektive von Einstellungen von Individuen auf die Zukunft des Alterns, dann fokussieren wir auf die Gesellschaft, um schließlich beide Perspektiven zusammenzuführen. Das Thema Altersbilder wird in der Forschung seit einigen Jahren genau unter dieser Spannung diskutiert, da klar wurde, dass die individuellen Altersbilder ohne gesellschaftliche Rahmung nicht gedacht werden können, umgekehrt aber auch die persönliche Interpretation des Alters Auswirkungen auf die Deutung von Politik und Gesellschaft hat.[41]

Um die zentralen Ergebnisse des Deutschen Alterssurvey 2014 besser verstehen zu können, müssen dessen soziodemographische Merkmale kurz beschrieben werden.

---

[39] Dies war beispielsweise zwingend, weil die im Folgenden zentrale Unterscheidung von gewinnorientierten und verlustorientierten (defizitorientierte) Altersbildern bei Beyer u.a. 2017, S. 332 auf jeweils vier Aussagen für beide Kategorien basiert, die nirgendwo erkennbar sind. Für die Online-Befragung hat das ISÖ 16 Aussagen zu Altersbildern aus dem DEAS übernommen, um eine Vergleichbarkeit der Ergebnisse zu ermöglichen. Diese stammen aus den Themengebieten „Körperlicher Verlust" (Variablen aus dem DEAS2014: hd17_3, hd17_7, hd17_9 und hd1_4), „Sozialer Verlust" (hd17_4, hd17_6, hd1_3, hd1_5), „persönliche Weiterbildung" (hd17_2, hd17_5, hd1_1, hd1_2) und „Selbstkenntnis" (hd17_1, hd17_8, hd17_10 und hd1_6), wobei diese Aussagen zum Teil in den mündlichen, zum Teil in der schriftlichen Befragung zu finden sind (Wiest u.a. 2014, S. 366; Kausmann u.a. 2016). Auf die Kriterien der Auswahl der 16 Aussagen gehen wir im Text am Ende des Teilkapitels ein. Ein Vergleich der Kategorien verlustorientiert/gewinnorientiert, wie er bei Beyer u.a. 2017 in den Abbildungen 22-1 bis 22-3 vorgenommen wird, kann daher nicht mit den ISÖ-Daten reproduziert werden, da uns die Informationen dazu fehlen. Viel entscheidender scheint uns, dass die kategoriale Aufteilung in „gewinnorientiert" vs. „verlustorientiert" mit Hilfe einer metrischen Selektion stattfand, indem die DEAS-Forscherinnen die vier Antworten jeweils mittelten und in zwei Kategorien unterteilten – waren die Werte größer als 2,5 oder kleiner als 2,5, dann wurden die Aussagen jeweils einer der beiden Kategorien zugeteilt, die Zwischentöne „eher" fielen der Mittelung zum Opfer. Wir wählen daher weiter unten einen Gesamtscore, der u.a. die Multidimensionalität abbildet, indem er sie nicht auf eine Zweidimensionalität verkürzt.

[40] Opielka/Peter 2017b

[41] Lang u.a. 2012, Denninger u.a. 2014, Peterson/Ralston 2017

Insgesamt nahmen 10.324 TeilnehmerInnen an der aktuellen Befragungswelle teil, davon 50% weiblich und 50% männlich. Davon weicht die ISÖ-ZASH2045 Befragung um jeweils 10% (40% männlich, 60% weiblich) ab. Die Geburtsjahre beschränken sich auf die 1920-1970er Jahre. Die Befragten des DEAS 2014 sind somit im Durchschnitt älter, 78% wurden zwischen 1920 und 1959 geboren.[42] 55% der Befragten gaben Informationen über ihren höchsten Bildungsabschluss preis, wonach 76% einen beruflichen und 22% einen Hochschulabschluss haben.[43] In der ISÖ-ZASH2045 Befragung haben 53% der Befragten einen Hochschulabschluss.

Bevor wir in den Vergleich ausgewählter Fragen einsteigen, möchten wir die zentralen Ergebnisse des Deutschen Alterssurvey 2014 zu individuellen Altersbildern zusammenfassen:

„Individuelle Altersbilder werden nicht nur durch das eigene Lebensalter, sondern auch durch den Bildungshintergrund geprägt: Während im Jahr 2014 von den 40- bis 54-Jährigen 60,2 Prozent Verluste und 81,5 Prozent Gewinne mit dem Älterwerden verbinden, haben die 70- bis 85-Jährigen häufiger ein verlustorientiertes (73,5 Prozent) als ein gewinnorientiertes Altersbild (59,0 Prozent). Zudem verbinden höher Gebildete mit dem Älterwerden um 7,4 Prozentpunkte seltener Verluste und sogar um 29,4 Prozentpunkte häufiger Gewinne im Vergleich zu Niedriggebildeten.

Zwischen 1996 und 2014 hat sich ein positiver Wandel der Altersbilder vollzogen: Der Wandel der Altersbilder zu einer weniger verlustorientierten und mehr gewinnorientierten Sichtweise hat sich im Jahr 2014 weiter stabilisiert. Dieser positive Wandel fiel in den älteren Altersgruppen stärker aus als in den jüngeren, sodass sich die Altersbilder in den unterschiedlichen Altersgruppen mit der Zeit einander angenähert haben."[44]

---

[42] Diese Angabe beruht auf 10.324 Antworten.

[43] Lediglich 55 TeilnehmerInnen haben „ohne Abschluss" angekreuzt und 79 etwas „anderes".

[44] Beyer u.a. 2017, S. 329

Eine der wichtigsten Fragen behandelt den (zukünftigen) Ruhestand: „Was erwarten Sie, wie wird sich Ihr Leben im Ruhestand in Zukunft verändern?"[45] Einschließlich der Möglichkeit „Anderes" wurde diese Frage 315-mal beantwortet. 38% der Befragten sind sich sicher, dass es gleich bleiben wird. Dagegen denken 33%, dass es schlechter oder viel schlechter wird und 24%, dass es besser oder viel besser wird. 16 TeilnehmerInnen haben eine andere Erwartung, beispielsweise „wird viel anders werden. Ob es besser ist, kann ich nicht beurteilen, Was bedeutet besser?", „weniger selbstständig", „das kann ich momentan nicht einschätzen" oder „ich hoffe, es bleibt gleich – kommt auf die familiären Umstände an".[46] Abbildung 10 zeigt den Vergleich mit den Ergebnissen des DEAS 2014 zum Thema (zukünftiger) Ruhestand.

Zunächst fällt auf, dass diese Frage (wie zahlreiche andere!) im Deutschen Alterssurvey von deutlich weniger Befragten (nämlich 138) beantwortet wurde als in unserer Befragung (315).[47] **Der Repräsentativitätsgewinn des Alterssurveys stößt damit an Grenzen. In der Sache fällt auf, dass die Kategorie „wird etwas schlechter werden" im DEAS nur von 6% der Befragten gewählt wurde, bei ISÖ-ZASH2045 jedoch von 31%!** Dieser gewaltige Unterschied könnte etwas mit einer grundsätzlicheren Verzerrung[48] in der Interpretationsart des DEAS zu tun haben. So heißt es zu Beginn des Abschnitts „Gewinn- und verlustorientiertes Altersbild im Jahr 2014": „Im Jahr 2014 stimmten 64,8% der 40- bis 85-Jährigen zu, dass das Älterwerden mit körperlichen Verlusten einhergeht."[49] Leider wird nicht ausgeführt, wie die verbleibenden 35,2% die körperliche Entwicklung im Alter einschätzen, aber jedenfalls nicht als Verlust, das soll diese Formulierung wohl anklingen lassen. Im Wunsch danach, eine positive Entwicklung der Altersbilder zu beobachten, werden Widersprüche und die im DEAS beschworene „Multidimensionalität" und damit auch die Widersprüchlichkeit von Einstellungen zu schnell geglättet.

---

45 Wiest et al. 2014, S. 96

46 Für die gesamte Auflistung siehe Opielka/Peter 2017b, Anhang, Frage 7

47 Als „fehlend" werden 10.186 Antworten für die Variable „hc162" ausgegeben, wobei 10.163 Antworten „überfiltert" sind und 23 in die Kategorie „weiß nicht" zählen

48 „Eine Verzerrung ist ein systematischer Fehler, eine Ungenauigkeit oder Abweichung bei Interferenzen, Ergebnissen oder einer statistischen Methode" (onpulson.de)

49 Beyer u.a. 2017, S. 333

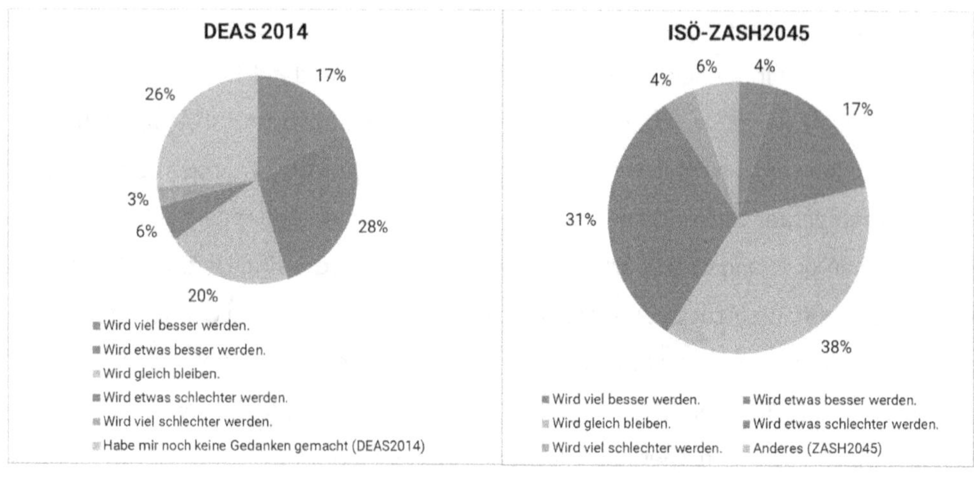

Quelle: DEAS 2014 (N=138) & ISÖ-ZASH2045 (N=315)

Abbildung 10: Vergleich der Ergebnisse zum Thema (zukünftiger) Ruhestand

Nun kommen wir zu den Altersbildern, die ebenfalls im Deutschen Alterssurvey 1996-2011 und 2014 abgefragt wurden.[50] Die Altersbilder werden in der ISÖ-ZASH2045 Befragung mit 16 Aussagen abgefragt, die jeweils mit „trifft genau zu; trifft eher zu; trifft eher nicht zu; trifft gar nicht zu" beantwortet werden können. **Zusammenfassend dominiert ein positives Bild vom Älterwerden bei den Befragten. Man sieht den körperlichen Verlust realistisch, jedoch erkennt man auch die Chancen des neuen Altersabschnitts, das Selbstbewusstsein sowie die eigene Wertschätzung bleiben erhalten.**

Das DEAS wählt in der Darstellung den Weg, die Antworten in die zwei Kategorien des „gewinnorientierten" und des „verlustorientierten" Altersbildes zuzuordnen. Wir haben weiter oben gezeigt, dass sich die Zuordnung methodisch nicht nachvollziehen lässt, da die jeweils ausgewählten Items (Fragestellungen) nicht dokumentiert werden; wir können sie deshalb mit unseren Fragen – die dem DEAS entnommen sind – nicht reproduzieren. Problematisch erscheint uns aber ohnehin, dass die vier Antwort-Optionen summiert werden. Wenn also beispielsweise von einer Befragten immer „trifft eher nicht zu" und nur einmal „trifft eher zu" angekreuzt wird, dann liegen die Antworten in

---

[50] Wiest u.a. 2014, S. 362; Engstler u.a. 2015, S. 194

der Summe oberhalb des Mittelwerts von 2,5 (die vier Optionen werden von 1 bis 4 codiert) und schon gilt die Befragte als eine Vertreterin des „gewinnorientierten" Altersbildes.

Wir haben uns deshalb entschieden, methodisch einen anderen Auswertungsweg zu gehen und aus den 16 einzelnen Aussagen einen „Score" gebildet, um zu analysieren, ob die TeilnehmerInnen ein *eher* positives oder negatives Altersbild aufweisen. Da man pro Aussage zwischen vier Antwortmöglichkeiten auswählen konnte, ist der maximale Wert 64. Dieses Extrem wäre der positivste Wert, den man erzielen kann. Der negativste Wert ist demnach 16, somit liegt der Mittelwert bei 35.[51] Entscheidend dabei ist, dass alle Antworten berücksichtigt werden und damit auch Widersprüche und Zwischentöne im Gesamtergebnis erhalten bleiben. Diese Herangehensweise zeigt, dass sich um den Mittelwert herum die meisten Antworten tummeln, ein sehr positives oder negatives Bild wird weniger gewählt. Somit verhindert man die Gefahr freigewählter Bewertungsgrenzen, die zu Fehlinterpretationen des Altersbildes führen können.

Im Ergebnis haben 61% der Befragten ein positiveres Altersbild, während 38% der Befragten ein eher negatives Altersbild aufweisen.[52] Unter Herausrechnung der fehlenden Werte dokumentieren wir den ISÖ-ZASH2045-Altersbild-Score als Graphik in Abbildung 11 (niedrige Werte = eher negatives Altersbild, hohe Werte = positives Altersbild, Maximum 64).[53]

Der niedrigste Score liegt bei 19, also ein sehr negatives Altersbild − wie gesagt, der schlechtestmögliche Wert ist 16 − wird nur einmal erreicht, der höchste erreichte Wert in der Befragung liegt bei 47 − deutlich unter dem maximal möglichen Wert von 64. In der Graphik zeigt die durchgehende Linie den Durchschnittswert der Befragten, die Linie „Häufigkeit" die reale Verteilung.

---

[51] In den Mittelwert sind die ungültigen Werte eingerechnet.

[52] Wenn man den Mittelwert (35) zum positiven Bild zählt. Der Mittelwert ist 35,16, abgerundet 35. Darin sind ebenfalls die ungültigen Werte eingerechnet.

[53] Ausführlicher in Opielka/2017b, S. 24ff., wo auf S. 25 auch die Tabelle mit den Werten zu finden ist, die der Graphik zugrunde liegen.

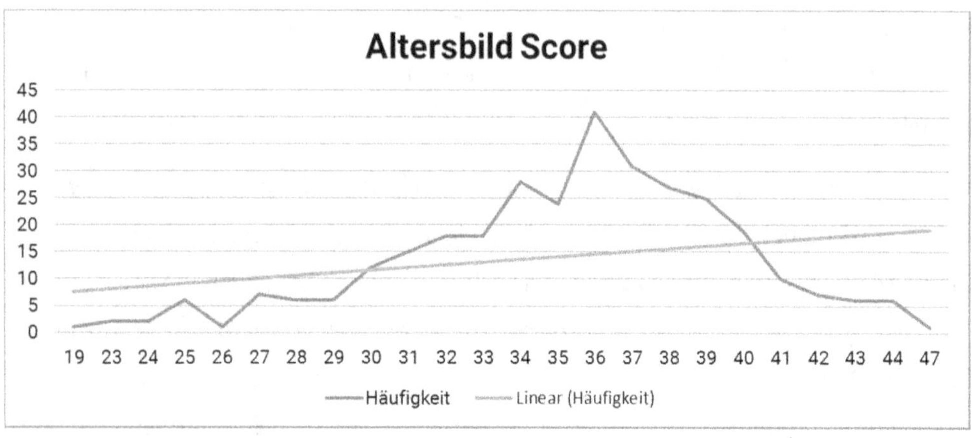

Abbildung 11: ISÖ-ZASH2045-Altersbild-Score

Dabei müssen zwei mögliche Einwände beachtet werden. Der Erste ist die Auswahl der 16 Aussagen, um Daten über die Einstellung zum Altersbild zu erhalten. Bei der Erstellung einer Umfrage muss die Zeit im Auge behalten werden, die ein/e Befragte/r ungefähr für das vollständige Ausfüllen des Bogens benötigt. Um für die Stufen 1 und 2 die für Online-Befragungen empfohlenen maximal 10-15 Minuten nicht zu überschreiten[54], wurden die Fragen zum Altersbild des DEAS durch die ISÖ-Wissenschaftler auf 16 Aussagen (Items) reduziert. Diese Selektion beeinflusst das Ergebnis des ISÖ-ZASH2045-Altersbild-Score. Der zweite Einwand gegen diesen Weg der Datenanalyse wäre, dass im ISÖ-ZASH2045-Altersbild-Score alle Fragen zum Altersbild und damit auch die Antworten (Items) gleich gewichtet werden. Das scheint freilich auch im DEAS der Fall zu sein, zudem stellt sich dann die Frage nach der Begründung der Gewichtung, warum also die eine Frage höher gewertet wird als eine andere und mit welchem Faktor diese Gewichtung erfolgen soll. Das ist einer der alten Streitpunkte zwischen quantitativen und qualitativen Forschungsstrategien: die VertreterInnen einer quantitativen, also auf „harten" Zahlen basierenden Erhebungs- und Auswertungsstrategie rühmen ihre Objektivitäts-Nähe. Die VertreterInnen einer qualitativen, also auf Verstehen und Deutungen basierenden Sozialforschung kritisieren, dass in allen Schritten einer quantitativen Erhebung, von der Forschungsfrage über das Design, die konkreten Fragestellungen

---

[54] Im Schnitt benötigten die TeilnehmerInnen 13:50 Minuten für Stufe 1 und 2.

und Ausprägungen bis hin zur Datenanalyse, wo wir uns hier gerade befinden, überall Wertungen und damit keineswegs „objektive" Entscheidungen eine Rolle spielen. Wir halten beide Positionen für berechtigt und sehen den Königsweg daher in einer Kombination quantitativer und qualitativer Methoden und vor allem in der Offenlegung möglichst aller Prozesse, solange Vertraulichkeit und damit Datenschutz dies zulassen.

Auswertung des Deep Assessment (Szenariengenerierung)

Nach der Beantwortung der ersten und zweiten Stufe wurde der/die TeilnehmerIn optional zur dritten Stufe weitergeleitet. Diese Stufe gibt die Möglichkeit der Szenariengenerierung auf Basis von Ausprägungen der sieben Trendanalysen. Damit konnten die BefragungsteilnehmerInnen die Phasen der ersten Zukunftswerkstatt in komprimierter Form noch einmal online durchlaufen. *Von 321 TeilnehmerInnen an der Befragung haben 90 Personen auch die dritte Stufe der Szenariengenerierung genutzt, d.h. etwas weniger als ein Drittel (28%).* Der hierfür erforderliche, gegenüber Stufe 1-2 zusätzliche Zeitaufwand wurde in der Befragung mit 20 bis 30 Minuten beschrieben, so dass hier eine gesteigerte Grundmotivation erforderlich war.[55] Das spricht für ein mit dem Projekt ZASH2045 angesammeltes Vertrauenskapital. Um die zugesicherte Anonymität zu wahren, liegen für die Antworten in Stufe 3 keine demographischen Daten vor. Das ISÖ-Team hielt diese Einschränkung für akzeptabel, da auch die Teilnahme an den Zukunftswerkstätten demographisch nicht gesteuert wurde, sondern allein von Interesse und Terminmöglichkeit abhing. Die Schwelle war hier bei einer Online-Befragung erheblich niedriger.

Die Erarbeitung eines eigenen Szenarios wurde mit einem detaillierten Einführungstext begonnen.[56] Damit wurde sichergestellt, dass die folgenden Arbeitsschritte richtig verstanden werden. Auf der Basis von sieben Trends (demographischer Wandel, soziale

---

[55] Überraschenderweise benötigten die TeilnehmerInnen im Durchschnitt lediglich 11:10 Minuten für die Beantwortung der dritten Stufe. 148 TeilnehmerInnen besuchten die dritte Stufe, wovon 90 TeilnehmerInnen größtenteils am PC ein Szenario generierten (Quelle: Typeform, total visits der Stufe 3)

[56] Opielka/Peter 2017b, Anhang 6.3

Veränderungen, Wertewandel, Sozialsysteme, Pflege und Pflegeerbringung, Technologie und Mobilität) wurde das gewünschte Szenario erstellt. Vorab haben die WissenschaftlerInnen des ISÖ fünf Ausprägungen pro Trend systematisch identifiziert. Jede Ausprägung hat eine eigene Überschrift, um den individuellen Charakter hervorzuheben (z.B. „Das Land der Alten" oder „Generationen lernen sich neu kennen" für den 1. Trend „Demographischer Wandel"). Nun lag die Aufgabe darin, eine favorisierte Ausprägung pro Trend auszuwählen und diese anzukreuzen. Die Befragten wurden also nach einem wünschenswerten Szenario befragt, nicht nach dem Kriterium der Wahrscheinlichkeit. Die Frage dazu lautete: „Welche der fünf Ausprägungen des jeweiligen Trends soll Teil Ihres gewünschten Szenarios sein?" Dieser Schritt wiederholte sich für alle sieben Trends, was eine Auswahlmöglichkeit von 35 Ausprägungen (5 pro Trend) bedeutete. Es musste pro Trend eine Ausprägung gewählt werden, da sonst das Szenario unvollständig gewesen wäre. Die Kombination der Auswahl ergab am Ende ein neu generiertes Szenario, das die finale Szenarien-Generierung maßgeblich beeinflusste und damit eine Grundlage für die zweite Zukunftswerkstatt „Szenario-Transfer" bildete.

In Abbildung 12 wurden in die morphologische Matrix die entsprechenden Voten des gewünschten und selbst kombinierten Szenarios der Online-Befragung eingetragen, auf die Abfrage „wahrscheinlich" wurde aus zeitökonomischen Gründen verzichtet (bei N = 90).

Zu einer ausführlichen Darstellung der Morphologischen Matrix verweisen wir noch einmal auf den Zwischenbericht[57] sowie auf die Auswertung der Online-Beteiligung.[58] Wir haben dabei die jeweils dominante Ausprägung hervorgehoben, um weitere Anhaltspunkte für die Selektion der finalen Szenarien zu gewinnen.

---

[57] Opielka/Peter 2017a

[58] Opielka/Peter 2017b

	Ausprägung 1	Ausprägung 2	Ausprägung 3	Ausprägung 4	Ausprägung 5	N
Demographischer Wandel	Das Land der Alten	Deutschland ist bunt	Das verblühte Land	**Generationen lernen sich neu kennen**	Die/der neue Alterskult(ur)	
	4%	22%	4%	**51%**	18%	90
Soziale Veränderungen	Der Weltbürger	Der stolze Schleswig-Holsteiner	**Die globale Wissensgesellschaft**	Die Maschinen arbeiten für mich	Im Spannungsfeld von Gruppenkulturen	
	21%	18%	**54%**	2%	4%	90
Wertewandel	**Der wachstumskritische Senior**	Selbstverwirklichung im Alter	Der neue Glaubenssatz	Im Zentrum steht das Ich	Der religiöse Kapitalist	
	60%	21%	6%	12%	1%	90
Sozialsysteme	Die liberale Sozialfürsorge	Das Subsidiaritätsprinzip der Versorgung	**Der gerechte Sozialstaat**	The senior takes it all	Reich bleibt reich, arm bleibt arm	
	3%	22%	**61%**	6%	8%	90
Pflege und Pflegeerbringung	Vernetzte häusliche Pflege für möglichst alle	**Keine Pflegearmut durch ein Grundeinkommen für alle**	Die Pflegelücke wird durch ehrenamtliches Engagement und Migration gefüllt	Ein neuer Generationenvertrag	Das Wir-Gefühl zählt, nicht der Staat	
	27%	**42%**	2%	24%	4%	90
Technologie	**Digitaler Senior**	Technik ist kleiner Teil des Lebens im Alter	Die analoge Vernetzung ist im Trend	Das smarte Zuhause	Die Pflege-Flatrate	
	45%	14%	0%	18%	23%	87
Mobilität	*Der mündige, mobile Senior*	**Barrierefreie Mobilität**	Der fahrende, soziale Treffpunkt	*Die Revolution der Mobilität*	Digital Natives bleiben zu Hause	
	27%	**30%**	16%	24%	3%	90

Abbildung 12: Finale morphologische Matrix der Stufe 3 Online-Beteiligung

Es ist auch hier offensichtlich, dass die Ausprägungen für die Befragten nicht immer trennscharf erscheinen konnten, zumal bei Online-Befragungen ein Nachfragen zu möglichen Missverständnissen nicht möglich ist. Dies musste hingenommen werden, führte aber nicht zu wesentlichen Verzerrungen. **Dennoch zeigt das Ergebnis die erstaunlich hohe Übereinstimmung mit den vorab (aus der ersten Welle der Zukunftswerkstätten) definierten Szenarien 1 und 2. Die Auswahl der Ausprägungen der ersten drei Trends (die gesellschaftlichen Rahmenbedingungen) überschneidet sich mit den Ausprägungen der Szenarien 1-3.** Für die Trends mit direkter Einflussmöglichkeit (Sozialsysteme, Pflege- und Pflegeerbringung, Technologie, Mobilität) überwiegt die Überschneidung mit den Szenarien 1 und 2, wobei für den Trend „Pflege und Pflegeerbringung" nur eine Überschneidung mit Szenario 1 vorliegt (Ausprägung 2 „Keine Pflegearmut durch ein Grundeinkommen" (42%)). Dies bekräftigt zudem das Ergebnis aus der zweiten Stufe der Online-Beteiligung, dass die Szenarien 1 und 2 als (sehr) wünschenswert eingestuft werden (siehe Abbildung 15).

Grundkonzeptionen der Altenhilfe am Beispiel der Laborregionen

Wie im Zwischenbericht im Abschnitt 2.1.3 „Methode der Laborregionen" beschrieben, werden in den Kreisen Segeberg und Nordfriesland zwei unterschiedliche Strategien in der Daseinsvorsorge verfolgt.[59] In der Online-Befragung wurden die beiden Strategien folgendermaßen präsentiert:

> *„Eine letzte Frage zu den Laborregionen Kreis Nordfriesland und Segeberg. Diese verfolgen zwei unterschiedliche Strategien in der Koordination der Altenhilfe/Daseinsvorsorge:*
>
> *Der Kreis Nordfriesland setzt auf eine „dezentrale Konzentration" in sogenannten „Kooperationsräumen" mit Versorgungszentren. Dies sind „aus mehreren Gemeinden bestehende Teilbereiche eines Kreises, in denen die Gemeinden intensiv miteinander kooperieren mit dem Ziel der Bündelung von Angeboten der Daseinsvorsorge und der Siedlungsentwicklung in einem Versorgungszentrum" (Bundesministerium für Verkehr und digitale Infrastruktur 2013, S. 12)*

---

[59] Opielka/Peter 2017a, S. 33ff. Die in der Befragung an dieser Stelle gezeigte Karte von Kooperationsräumen und Versorgungszentren im Kreis Nordfriesland findet sich auf Seite 42 als Abbildung 12.

Der Kreis Segeberg möchte dezentral, also im gesamten Kreisgebiet, Dienstleistungen anbieten (siehe Abbildungen)."

Welche dieser beiden Strategien halten Sie für zukunftsfähig?

Gefragt wurde, welche als „sehr gute", „gute", „vielleicht gute" oder „keine gute Strategie" bewertet wird (Abbildung 13).[60]

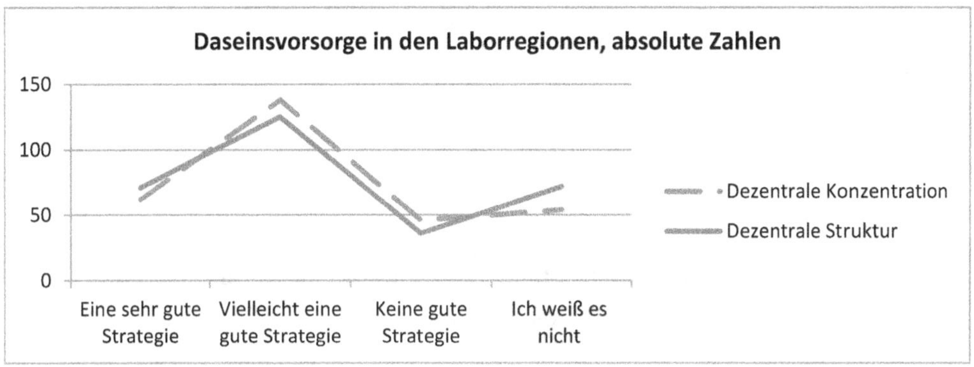

Abbildung 13: Daseinsvorsorge in den Laborregionen, absolute Zahlen

Die Antwort konnte danach kommentiert werden. **Dadurch wird klar, dass die Rahmenbedingungen (z.B. räumliche Struktur, soziale Netzwerke, Pflegepersonal, Finanzierung usf.) einen großen Einfluss auf die Auswahl haben und Probeläufe beider Strategien versucht werden sollten.**[61] Die Interpretation der Befragungsergebnisse ist nicht einfach. In einem Gespräch mit dem ISÖ-Team erklärte eine Mitarbeiterin einer Kreisverwaltung: „Wenn der Kreis aktiv ist, dann ist die Strategie dahinter für den Normalbürger egal. Der Weg ist sozusagen egal. Hauptsache man erkennt ein Konzept, dass etwas passiert. Nichts zu tun wäre die negative Alternative." Diese pragmatische, vielleicht sogar melancholische Sicht auf die Demokratiefähigkeit komplexer Hilfeplanungsprozesse wird durch die Antworten in der Befragung eher bestätigt. Die Auswahl von „Laborregionen" nach den Versorgungskonzepten erscheint daher so verständlich wie elitengebunden. Andererseits deuten die Antworten auch darauf hin, dass beide

---

[60] Die Frage nach der „dezentralen Konzentration" (Kreis Nordfriesland) wurde 309-mal beantwortet, die Frage nach der „dezentralen Struktur" (Kreis Segeberg) 314-mal.

[61] Für die gesamte Auflistung siehe Opielka/Peter 2017b, Anhang, Frage 10

Strategien zu konvergieren scheinen und letztlich ihre konkrete Ausgestaltung in der Region über ihre „Güte" entscheidet. Dies bestätigte auch die intensive Diskussion dieses Ergebnisses in der zweiten Workshopwelle mit Verantwortungsträgern beider Kreise und Stakeholdern. *Vor diesem Hintergrund wurde in der Steuerungsgruppe des Projektes ZASH2045 von den Verantwortlichen des Diakonischen Werkes SH und des ISÖ entschieden, die abschließende Zukunftskonferenz nicht, wie ursprünglich geplant, doppelt in den Laborregionen, sondern in deutlich größerem Umfang zentral in Rendsburg durchzuführen.*

2.4 Ergebnisse

Zentrales Ergebnis der ersten Workshop-Welle mit zwei Zukunftswerkstätten in den Laborregionen war die Entwicklung von vier normativen Szenarien.[62] Hierzu wurden die dystopischen und die utopischen normativen Szenarien aus beiden Zukunftswerkstätten durch das Forschungsteam synthetisiert und mit der Steuerungsgruppe des Diakonischen Werks Schleswig-Holstein durchgesehen (siehe Abbildung 3 im Einleitungskapitel).

Eine Validierung erfolgte dann im Rahmen der Online-Beteiligung.[63] Vom 15. Juni bis zum 6. August 2017 und damit über sieben Wochen lang war es möglich, sich an der Online-Befragung zu beteiligen. Insgesamt haben 321 TeilnehmerInnen das erste Modul (Stufe 1 & 2) beantwortet und davon 90 TeilnehmerInnen ein eigenes Szenario in Stufe 3 kreiert. Die Teilnahme übertraf die Erwartungen erheblich und zeigt, dass bei den Stakeholdern der Zukunft der Altenhilfe eine beachtliche Bereitschaft zur Investition von Zeit besteht.

Besonders hervorzuheben ist das Ergebnis des letzten Fragekomplex des ersten Moduls: Wie wünschenswert, oder wie wahrscheinlich sind die Szenarien 1 bis 4? Um die Antworten besser verstehen zu können, ist es sinnvoll sich noch einmal die einzelnen

---

[62] Für eine ausführliche Erläuterung verweisen wir auf den Zwischenbericht Opielka/Peter 2017a, S. 201ff.

[63] Opielka/Peter 2017b

Szenarien vor Augen zu rufen.[64] Hier erneut eine Übersicht der vier Szenarien und deren relevante Folgen für die Altenhilfe (Abbildung 14).

Szenario 1: ‚Autonome und individuelle Altenhilfe'
- Das Grundeinkommen bietet neue Möglichkeiten in der Altenhilfe
- Technische Innovationen werden akzeptiert und integriert
- Starke soziale Netzwerke bilden das Rückgrat der Gesellschaft
- Die Lebensqualität ist hoch und die Altenhilfe in einer guten Ausgangsposition

Szenario 2: ‚Altenhilfe geprägt durch Prävention und Planung'
- Die Altenhilfe wird durch Prävention und Gesundheitsförderung im gesamten Leben beeinflusst
- Der Sozialstaat bildet eine starke Stütze
- Der erneuerte Generationenvertrag erzeugt einen Unterstützungskreislauf zwischen Jung und Alt
- Gesicherte Teilhabe steigert die Aktivität auch im hohen Alter enorm, die Planung von oben führt zu Aktivität von unten

Szenario 3: ‚Altenhilfe geprägt durch Individualisierung und den „schmalen Staat"'
- Smarte und intuitive Bedienformen prägen den Alltag, was die Teilhabe und Aktivität auch im Alter steigen lässt
- Barrierefreiheit ist ein gesellschaftliches Thema
- Das Sozialsystem ist undurchlässig: oben ist oben, unten ist unten
- Die Pflegeversicherung bleibt nur eine Teilkaskoversicherung

Szenario 4: ‚Altenhilfe geprägt durch Eigenvorsorge und Gespaltenheit'
- Der ländliche Raum ist DAS Problemgebiet der Altenhilfe
- Durch die Not wird das informelle Wir-Gefühl gestärkt
- Die Dienstleistung kommt zum Patienten, nicht umgekehrt
- Die digitale Kommunikation verhindert Vereinsamung und Hilflosigkeit

Abbildung 14: Vier normative Szenarien und deren relevante Folgen für die Altenhilfe auf einen Blick

---

[64] siehe den Zwischenbericht Opielka/Peter 2017a, S. 209ff.

Dazu wurden acht Fragen gestellt. Diese erhielten jeweils über 300 Antworten, die wie folgt grafisch dargestellt werden können (Abbildung 15).

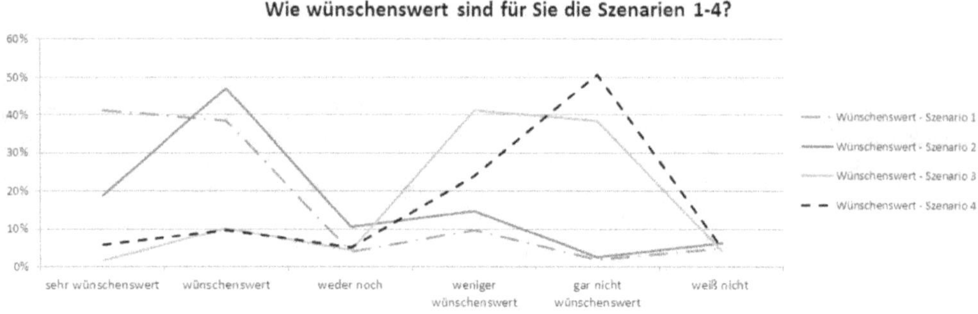

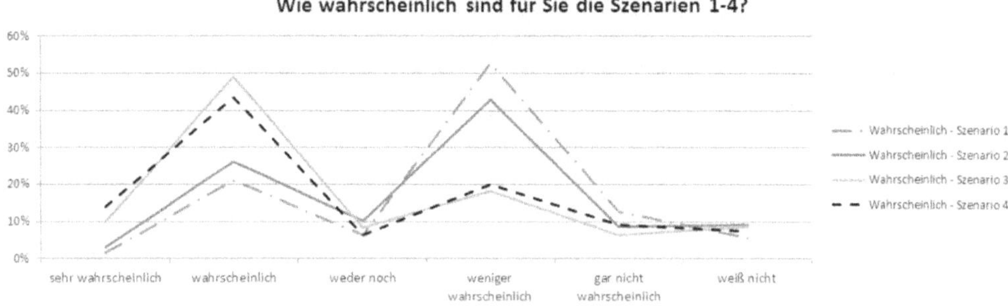

Abbildung 15: Bewertung der Szenarien 1-4[65]

Durch die zwei Liniendiagramme ist deutlich erkennbar, dass die Szenarien eins und zwei als (sehr) wünschenswert gelten, jedoch im zweiten Schritt als weniger bis gar nicht wahrscheinlich eingestuft werden. Umgekehrt stellt es sich für die Szenarien drei und vier dar. Auch diese Bewertung konnte in einem offenen Feld kommentiert werden (Auszug):[66]

- *„Das erste Szenario wäre schön, aber dazu kommt es nicht. Zu teuer, der Staat wird dafür kein Geld ausgeben. Ich denke, das letzte wird kommen. Aber ich*

---

[65] N = 321- Nicht alle acht Fragen wurden von allen 321 TeilnehmerInnen beantwortet, siehe Anhang in Opielka/Peter 2017b, 6.1, Frage 11

[66] Für die gesamte Auflistung siehe Anhang (ebd.), Frage 12

glaube auch das ist noch zu gut vorgestellt. Für alte und hilflose Menschen gibt es kein Geld. Das merkt man schon heute.“

- *„Szenario 3 und 4 sind weit entfernt von sozialer Gerechtigkeit und daher nicht wünschenswert.“*

- *„Das sind natürlich idealtypische Modelle - in Wahrheit und Wirklichkeit wird es ein Mixtum compositum werden, wobei mir das erste Szenario am nachhaltigsten und daher letztlich gar nicht so unwahrscheinlich erscheint.“*

- *„Wenn doch das Wünschenswerte auch das Wahrscheinliche wäre...“*

Offene Kommentarfelder in Befragungen bieten stets eine wichtige Zusatzinformation, da sie in der Regel spontan ausgefüllt werden. Sie erlauben einen Einblick in assoziative und damit vorbewusste Deutungsstrukturen der BefragungsteilnehmerInnen. Es ist offensichtlich, dass eine unmittelbare Übertragung selbst von Positionen, die einigermaßen repräsentativ erscheinen, in Handlungsperspektiven schon aufgrund der Widersprüchlichkeit der Antworten nicht möglich ist.

Die Auswertung der Fragen zur Bewertung der vorgelegten Szenarien zeigt in Abbildung 15 eindrucksvoll, dass die als wünschenswert betrachteten Szenarien geradezu spiegelbildlich als unwahrscheinlich angesehen wurden. Das wirft eine Reihe von wichtigen soziologischen und sozialpsychologischen, aber auch kulturellen Fragen auf, beispielsweise nach einem norddeutsch-pragmatischen Skeptizismus, der sich durch ein Unwahrscheinlichhalten des „eigentlich“ Erwünschten enttäuschungsfest gibt. Bevor wir sozialwissenschaftlich solider auf diese Spannung eingehen, möchten wir noch den im Projekt gewählten methodischen Pragmatismus betonen: wir nehmen diese Spannung als zentrale Herausforderung im Szenario-Transfer an, indem wir fragen, wie das Unwahrscheinliche, sofern es wünschenswert, wahrscheinlicher gemacht werden kann.

Im Forschungsprojekt „Alter(n) als Zukunft. Zukunftsbezogenes Alternshandeln in kulturvergleichender Perspektive“, gefördert von der Volkswagen-Stiftung unter der Leitung unter anderem von Stephan Lessenich, wird das *„strukturelle Spannungsverhältnis, in dem individuelle und gesellschaftliche Zukunftsperspektiven stehen, und das*

sich allein schon aus der Differenz der Zeithorizonte individualbiographischen Alternserlebens einerseits, gesellschaftsstrukturelle Alterungsprozesse andererseits ergibt"[67], untersucht. Im Zentrum der Analyse stehen mögliche Zusammenhänge und Wechselwirkungen zwischen der gesellschaftlichen Ebene sich wandelnder Alters- und Zeitstrukturen und der individuellen Ebene handlungsleitender Vorstellungen, Deutungsmuster und Orientierungen. So prägen auch gesellschaftliche, kulturelle und wissenschaftliche Diskurse über das Alter und Altern (z.B. Normen, Altersbilder) in den Medien und Bildungseinrichtungen das Denken über die eigenen in der Zukunft liegenden Risiken, Anforderungen und Möglichkeiten.[68] Diese Problemstellungen beeinflussen die damit auch die Spannung von „wünschenswerten" und „wahrscheinlichen" Formen individueller und gesellschaftlicher Zukunftsgestaltung.

Demokratiepolitisch entscheidend dürfte dabei die jeweilige „Selbstwirksamkeitserwartung" sein, ein Konzept der kognitiven Psychologie. Haben die Bürgerinnen und Bürger die Überzeugung, aufgrund eigener Kompetenzen gewünschte Handlungen erfolgreich selbst ausführen zu können – oder erleben sie sich als passive Empfänger oder gar Opfer gesellschaftlich einflussreicher Akteure? Die Transformation von Wünschenswertem in Wahrscheinliches setzt die Überzeugung voraus, das meine Meinungen und meine Handlungen einen Unterschied machen. Um gesellschaftliche Relevanz zu erzeugen muss ich mich einerseits in je möglicher und gewollter Form kollektiv organisieren, von der Kirchenmitgliedschaft, Gewerkschaften, Parteien, Vereine, Interessenverbände bis hin zu situativen Kollektiven, wie bei Demonstrationen, Petitionen oder Online-Voten; andererseits muss ich auch die schon vorhandenen und oft mühsam erkämpften kollektiven Entscheidungsmöglichkeiten nutzen, allen voran die politischen Wahlen auf den verschiedenen Ebenen, Betriebs- und Personalratswahlen, Wahlen in Kirchengemeinden, Synoden, Selbstverwaltungen in Schulen, Hochschulen oder Beiräte in Heimen, Seniorenvertretungen usf.

---

[67] Lang u.a. 2011, S. 1

[68] Denninger u.a. 2014

Eine lebendige, partizipatorische Demokratie finden wir dann, wenn möglichst vielen Bürgerinnen und Bürgern bewusst ist, dass Selbst- und Mitbestimmungsmöglichkeiten existieren, dass sie verteidigt werden und – nicht selten – ihr Ausbau nötig ist.

Zu den genannten Möglichkeiten einer Selbstwirksamkeitspraxis kommen noch viele weitere, beispielsweise die Äußerung in Medien und ihre Rezeption, also Zeitungen lesen, Radio und TV nutzen, die mutige und ehrliche Kommunikation in den jeweiligen persönlichen und elektronischen sozialen Netzen, aber auch die Nutzung von Beschwerde- und Rechtswegen. Zukunftsgestaltung ist also ein hoch komplexer Vorgang.

Diese Überlegungen werden durch eine aktuelle Auswertung der 6. Welle des World Values Survey bestätigt, der zwischen 2010 und 2014 in 58 Ländern durchgeführt wurde. Lindsey Peterson und Margaret Ralston untersuchten, inwieweit die älteren MitbürgerInnen sich selbst und damit auch das Alter selbst positiv bewerten oder eher als Last betrachten. Entgegen der üblichen Vermutung, wonach traditionellere Gesellschaften das Alter besonders achten, zeigt sich, dass Länder mit einer höheren Lebenserwartung und einem höheren Altenanteil positivere, wertschätzendere Einstellungen gegenüber Älteren aufweisen.[69] Dieses überraschende Ergebnis kann durchaus auch als modernisierungstheoretische Pointe des Wertewandels zu mehr postmateriellen, auf Solidarität und Nachhaltigkeit orientierenden Werten gedeutet werden.[70] Im Detail müsste man diesen allgemeinen Befund sicherlich differenzieren, er zeigt aber eine wichtige Tendenz: Moderne Gesellschaften investieren in sich selbst, in Bildung, Zukunftsgestaltung und ihre Reflexion. Das kommt dem Alter und den Alten zugute.

Auf Basis dieser Ergebnisse konnten in der zweiten Workshop-Welle folgende „Kleine Zukunftsprojekte" erarbeitet werden. Wir dokumentieren diese kleinen Zukunftsprojekte hier in der Form, wie sie auch auf der Projekthomepage (http://zash2045.isoe.org/teilnehmen/zukunftsschritte/) im Anschluss an die Workshops genutzt wurde.

---

[69] Peterson/Ralston 2017

[70] Dazu auch Opielka 2017

Kreis Segeberg:

1. **„Dialogforen Grundeinkommen":** Ein universelles Grundeinkommen zur Sicherung eines würdevollen Lebens. Erster Schritt in diesem Projekt ist die Vorbereitung von offenen Dialogforen in ganz Schleswig-Holstein unter Beteiligung von Umsetzern und Transporteuren. Der bisher genutzte Begriff des „bedingungslosen" Grundeinkommens wird dahingehend kritisiert, dass die Kennzeichnung als „bedingungslos" falsche Assoziationen wecken könnte und deshalb entfallen soll. Nach einem ersten Treffen der Arbeitsgruppe im November 2017, an dem auch ein Vertreter der Landesregierung zugegen war, wird weiter ausgelotet, an welchen bereits bestehenden Initiativen sich die Arbeitsgruppe und das Diakonische Werk an dem sozialpolitischen Diskurs beteiligen kann. Es werden Unterstützer gesucht, die den Dialogforen Raum geben können.

2. **„Gute Häuslichkeit der Zukunft":** Es wurden eine „Häuslichkeit plus" und ein „Gemeinschaftsnetz zwischen Haushalten" diskutiert. Kommunen müssen für ein Quartiersmanagement aktiviert sowie Wohnungsträger in den Diskurs integriert werden. Das gemeinschaftliche Wohnen ist auch Aufgabe der Wohlfahrtspflege.

3. **„Mehrgenerationenhaus":** Es soll eine Begegnungsstätte für alle Generationen entstehen. Folgende Punkte müssen dabei beachtet werden: die Akteure, das Konzept, der Standort, die Politik und Finanzierung. Ein ersterer Schritt ist eine Sozialraumanalyse.

Kreis Nordfriesland:

1. **„Generationenübergreifendes Wohnen und familienähnliche Netzwerke":** In dieser Gruppe entstanden zwei Ideen. Für das generationenübergreifende Wohnen müssen Verbündete gesucht werden, Vereine involviert und Events organisiert werden. Referenzprojekte zu finden ist ein erster Schritt, sowie ein generationenübergreifender Austausch durch beispielsweise Tauschbörsen zu schaffen, in denen u.a. es darum geht, unterschiedliche Bedürfnisse zu artikulieren und transparent zu machen, um somit eine Basis und Ideen für wechselseitige

Unterstützungsleistungen zu haben. Damit hängt die Entwicklung von familien-ähnlichen Netzwerken eng zusammen. Ziel ist eine reale Begegnung und der Abbau von Scheu. Orte müssen dafür gefunden werden. Erste Schritte sind die Einbeziehung von BürgermeisterInnen, den Medien und die Durchführung eines „lebenden Adventskalenders".

2. **„Rufbus plus"**: Investitionen in die Zukunft sind wichtig. Ein wichtiger Aspekt ist hierbei die Infrastruktur. Diese Gruppe hatte mehrere Ideen. Einmal das „plus" für das bereits bestehende Rufbus-Projekt und damit eine Einbettung des Projekts in den ÖPNV, vor allem durch eine digitale Vernetzung durch eine App. Das zweite ist ein soziales Gemeinschaftsnetz entstehen zu lassen („Was kann ich tun?"). Die Idee eines Infolotsen entstand (sogenannten „Diakos"). Auch diese Gruppe möchte einen Austausch von Best-Practice Beispielen und nimmt an der KüKo (KümmerInnen-Konferenz) teil. Nun gibt es einen Fortschritt: „Eine Viertelmillion Euro will der Kreis Nordfriesland künftig zusätzlich pro Jahr in die Hand nehmen, um den Öffentlichen Personennahverkehr (ÖPNV) zu verbessern. Zentrale Neuerung ist ein Rufbus-System für 18 Teilregionen im Kreisgebiet, mit dessen Hilfe auch ländliche Orte Anschluss an das überregionale Kernnetz erhalten sollen. Die entsprechende Ausschreibung haben Verwaltung und Kreispolitik bereits auf den Weg gebracht. Das neue Konzept soll vom Jahr 2018 an für die folgenden fünf bis zehn Jahre eingeführt werden, so es die Ergebnisse der Ausschreibung zulassen." (Quelle: https://www.shz.de/15339632)

3. **„Das Miteinander im Sozialraum stärken"**: Nach einem ersten Treffen der im Szenario-Transfer-Workshop gegründeten Arbeitsgruppe im Oktober 2017 hat sich unter dem Thema „Das Miteinander im Sozialraum stärken" ein Netzwerk gegründet – unter dem Dach der AktivRegion Südliches Nordfriesland. Dieses Netzwerk besteht aus koordinierenden Fachkräften, die in sehr unterschiedlichen Arbeitsbereichen (Migration / Inklusion / Demenz / Quartiersmanagement / Familienzentren / Kooperationsräume / Stadtmanagement / Entwicklung ländlicher Räume) in der Region tätig sind, mit dem Ziel die Angebote der Daseinsvorsorge zu entwickeln, zu stärken und zu vernetzen. Dies ist eine sehr

spannende Entwicklung, da sowohl ein regionsübergreifendes als auch tätig-keitsbereichsübergreifendes Netzwerk entsteht.

Die Ergebnisse bzw. der Prozess einiger dieser Kleinen Zukunftsprojekte wurden durch Poster auf der Zukunftskonferenz am 14. Februar 2018 in Rendsburg präsentiert.

Ziel der Online-Befragung war die Unterstützung bei der Verdichtung von vier Szenarien – zwei utopischen und zwei dystopischen – auf zwei Szenarien, um deren Transfers sich dann die nächste Projektphase bemüht. Wir haben die Voten der Online-Befragung mit Überlegungen zur Kohärenz kombiniert und die jeweils klar (Szenario 1 gegenüber 2) oder erkennbar (Szenario 4 gegenüber 3) stärker bewerteten Szenarien als Grundszenarien für die finale Auswahl ausgewählt. Daraus ergaben sich je ein finales Szenario „1 hoch 2" und „4 hoch 3" (Abbildung 16). Die Online-Bewertung sollte hier als Plausibilisierungstest wirken.

<table>
<tr><td>

Szenario 1[2]

‚Autonomie und Prävention in der Altenhilfe‘

</td><td></td><td>

Szenario 4[3]

‚Altenhilfe geprägt durch Individualisierung und Rückzug des Staates‘

</td></tr>
<tr><td>

Der generationenübergreifende, kollektive Gedanke zählt. Auf dem Land ist es lebenswert.

</td><td>≠</td><td>

Die soziale Teilhabe nimmt rapide ab durch Egoismus, Ungleichheit und Bevölkerungsschrumpfung auf dem Land.

</td></tr>
<tr><td>

Die Altenhilfe wird durch Sozialplanung und staatliche Interventionen zukunftsfest gemacht. Die Bürger steuern den Staat. Ein Grundeinkommen wird eingeführt.

</td><td>≠</td><td>

Rückzug des Staates. Der Sozialstaat ist teuer, nur wer lebenslang Eigenvorsorge betreibt ist abgesichert.

</td></tr>
<tr><td>

Pflege und Pflegeerbringung sind auf einem neuen Generationenvertrag aufgebaut. Der Pflegemix ist ausgeglichen, Ehrenamtliche können sich um persönliche Bedürfnisse kümmern.

</td><td>≠</td><td>

Das Wir-Gefühl wird belebt durch das Ehrenamt und Nachbarschaftshilfe ohne institutionelle Hilfe. Der Pflegemix kann nicht überall gewährleistet werden.

</td></tr>
<tr><td>

Es existiert Grundsicherheit, auch weil präventive und gesundheitsfördernde Maßnahmen im Lebenslauf unterstützen.

</td><td>≠</td><td>

Es wird stark auf technische Innovationen in vielen Bereichen (Pflege, Mobilität, Kommunikation, etc.) gesetzt, um Defizite auszugleichen.

</td></tr>
</table>

Abbildung 16: Die finalen Zukunftsszenarien S1[2] und S4[3]

Diese beiden neu kombinierten Szenarien werden in Abbildung 17 und Abbildung 18 jeweils mit den Ursprungsszenarien dargestellt, um den argumentativen Zusammenhang nachvollziehen zu können.

Szenario 1 (S1): ‚Autonome und individuelle Altenhilfe'	Szenario 2 (S2): ‚Altenhilfe geprägt durch Prävention und Planung'	Szenario 1²: ‚Autonomie und Prävention in der Altenhilfe'
Der generationenübergreifende, kollektive Gedanke zählt Die Altenhilfe in Schleswig-Holstein ist eingebettet in eine zukunfts- und wachstumskritische Gesellschaft. Der globalisierte und digitalisierte ländliche Raum gewinnt durch die gute Infrastruktur an Attraktivität und die BürgerInnen finden dort ihre neue oder alte Heimat. Das vereinsamte Leben wird durch neue Wohnformen ersetzt. Jüngere Generationen erkennen das Wissens- und Erfahrungs-Potenzial im Alter und schätzen es. Man sieht die Chance, auch hier seinen eigenen Interessen nachzugehen und sich selbst zu verwirklichen. Dies geschieht auch außerhalb institutioneller Religionen.	**Der generationenübergreifende, kollektive Gedanke zählt** Die Altenhilfe in Schleswig-Holstein ist eingebettet in eine zukunfts- und wachstumskritische Gesellschaft. Der globalisierte und digitalisierte ländliche Raum gewinnt durch die gute Infrastruktur an Attraktivität und die BürgerInnen finden dort ihre neue oder alte Heimat. Das vereinsamte Leben wird durch neue Wohnformen ersetzt. Jüngere Generationen erkennen das Wissens- und Erfahrungs-Potential im Alter und schätzen es. Man sieht die Chance, auch hier seinen eigenen Interessen nachzugehen und sich selbst zu verwirklichen. Dies geschieht auch außerhalb institutioneller Religionen. Die Altenhilfe wird durch Sozialplanung und staatliche Interventionen zukunftsfest gemacht. Der Bürger erlangt seine Befähigung durch die Steuerung des Staates.	**Der generationenübergreifende, kollektive Gedanke zählt** Die Altenhilfe in Schleswig-Holstein ist eingebettet in eine zukunfts- und wachstumskritische Gesellschaft. Der globalisierte und digitalisierte ländliche Raum gewinnt durch die gute Infrastruktur an Attraktivität und die BürgerInnen finden dort ihre neue oder alte Heimat. Vereinsamtes Leben wird durch neue Wohnformen ersetzt. Jüngere Generationen erkennen das Wissens- und Erfahrungs-Potential im Alter und schätzen es. Man sieht die Chance, auch hier seinen eigenen Interessen nachzugehen und sich selbst zu verwirklichen. Dies geschieht auch außerhalb institutioneller Religionen. Die Altenhilfe wird durch Sozialplanung und staatliche Interventionen zukunftsfest gemacht. Die Bürger steuern den Staat.
Ein Grundeinkommen schafft die Altersarmut ab Politische Entscheidungen prägen die zukünftige Entwicklung: Die Pflegeversicherung wird zur Vollkaskoversicherung und ein Grundeinkommen wird eingeführt. Dies schafft einen nie zuvor dagewesenen Interessenausgleich im Sozialstaat. Man kann eine gesetzliche Zusatzversorgung mit nachhaltiger Geldanlage abschließen, jedoch muss keiner Altersarmut befürchten. Der Pflegemix ist ausgeglichen, Ehrenamtliche können sich um persönliche Bedürfnisse kümmern.	**Ein erneuerter Generationenvertrag prägt die Altenhilfe** Keine gesellschaftliche Gruppe dominiert und die Sozialsysteme orientieren sich am Bürgerstatus. Es wurde ein Grundeinkommen von über 50% des Durchschnittseinkommens eingeführt. Die Pflegeversicherung ist eine Vollkasko-Versicherung, man kann sich zusätzlich durch eine gesetzliche Zusatzversorgung absichern. Pflege und Pflegeerbringung sind auf einem neuen Generationenvertrag aufgebaut.	**Ein Grundeinkommen schafft die Altersarmut ab und ein erneuerter Generationenvertrag prägt die Altenhilfe** Keine gesellschaftliche Gruppe dominiert. Politische Entscheidungen prägen die zukünftige Entwicklung: Die Pflegeversicherung wird zur Vollkaskoversicherung und ein Grundeinkommen wird eingeführt. Dies schafft einen nie zuvor dagewesenen Interessenausgleich im Sozialstaat. Die Pflegeversicherung ist eine Vollkasko-Versicherung, man kann sich zusätzlich durch eine gesetzliche Zusatzversorgung absichern. Pflege und Pflegeerbringung sind auf einem neuen Generationenvertrag aufgebaut. Der Pflegemix ist ausgeglichen, Ehrenamtliche können sich um persönliche Bedürfnisse kümmern.
Es existiert Grundsicherheit bei den Schleswig-HolsteinerInnen Durch starke soziale Netzwerke und technische Innovationen, die sich an die Bedürfnisse anpassen, existiert Grundsicherheit. Die Mobilität ist durch Dienstleister gewährleistet, man benötigt kein privates Auto mehr, autonomes Fahren ist üblich. Dadurch entstehen neue soziale Treffpunkte.	**Der Lebenslauf ist durch präventive und gesundheitsfördernde Maßnahmen geprägt** Krankenkassen fördern eine gesunde Lebensweise, die informelle Pflege ist stark und wird durch technische Innovationen unterstützt. Die Familie verliert an Priorität, wichtig ist das individuelle soziale Netzwerk. Im Bereich der Mobilität wird der digital vernetzte, barrierefreie ÖPNV gefördert, jedoch ist der Individualverkehr immer noch primäres Verkehrsmittel.	**Es existiert Grundsicherheit, auch weil präventive und gesundheitsfördernde Maßnahmen im Lebenslauf unterstützen** Krankenkassen fördern eine gesunde Lebensweise, die informelle Pflege ist stark und wird durch technische Innovationen unterstützt. Wichtig ist das individuelle soziale Netzwerk. Durch starke soziale Netzwerke und technische Innovationen, die sich an die Bedürfnisse anpassen, existiert Grundsicherheit. Die Mobilität ist durch Dienstleister und eine digital vernetzte, barrierefreie ÖPNV gewährleistet, man benötigt nicht mehr unbedingt ein privates Auto, autonomes Fahren ist üblich. Dadurch entstehen neue soziale Treffpunkte.
Relevante Folgen für die Altenhilfe: - Das Grundeinkommen bietet neue Möglichkeiten in der Altenhilfe - Technische Innovationen werden akzeptiert und integriert - Starke soziale Netzwerke bilden das Rückgrat der Gesellschaft - Die Lebensqualität ist hoch und die Altenhilfe in einer guten Ausgangsposition	**Relevante Folgen für die Altenhilfe:** - Die Altenhilfe wird durch Prävention und Gesundheitsförderung im gesamten Leben beeinflusst - Der Sozialstaat bildet eine starke Stütze - Der erneuerte Generationenvertrag erzeugt einen Unterstützungskreislauf zwischen Jung und Alt - Gesicherte Teilhabe steigert die Aktivität auch im hohen Alter enorm, die Planung von oben führt zu Aktivität von unten	**Relevante Folgen für die Altenhilfe:** - Das Grundeinkommen bietet neue Möglichkeiten in der Altenhilfe - Der Sozialstaat bildet eine starke Stütze - Der erneuerte Generationenvertrag erzeugt einen Unterstützungskreislauf zwischen Jung und Alt - Die Altenhilfe wird durch Prävention und Gesundheitsförderung im gesamten Leben beeinflusst - Technische Innovationen werden akzeptiert und integriert - Gesicherte Teilhabe steigert die Aktivität auch im hohen Alter enorm, die Planung von oben führt zu Aktivität von unten - Starke soziale Netzwerke bilden das Rückgrat der Gesellschaft - Die Lebensqualität ist hoch und die Altenhilfe in einer guten Ausgangsposition

Abbildung 17: Generierung von Szenario 1²

Szenario 3 (S3): ,Altenhilfe geprägt durch Individualisierung und den ,schmalen Staat"'	Szenario 4 (S4): ,Altenhilfe geprägt durch Eigenvorsorge und Gespaltenheit'	Szenario 4³: ,Altenhilfe geprägt durch Individualisierung und Rückzug des Staates'
Der generationenübergreifende, kollektive Gedanke zählt Die Altenhilfe in Schleswig-Holstein ist eingebettet in eine zukunfts- und wachstumskritische Gesellschaft. Der globalisierte und digitalisierte ländliche Raum gewinnt durch die gute Infrastruktur an Attraktivität und die BürgerInnen finden dort ihre neue, oder alte Heimat. Das vereinsamte Leben wird durch neue Wohnformen ersetzt. Jüngere Generationen erkennen das Wissens- und Erfahrungs-Potenzial im Alter und schätzen es. Man sieht die Chance, auch hier seinen eigenen Interessen nachzugehen und sich selbst zu verwirklichen. Dies geschieht vor allem auch außerhalb institutioneller Religionen. Marktwirtschaftliches Denken dominiert. **Die undurchlässige Karriere-Decke** Jeder Schleswig-Holsteiner sorgt für sich und der finanzielle Aufstieg ist nicht einfach. Der Arbeitsmarkt reguliert das Sozialsystem weiterhin durch die nach Berufsgruppen gegliederte Sozialversicherung. Die Pflegeversicherung ist eine Teilkasko-Versicherung, die mit Luxusangeboten aufgestockt werden kann. Zusatzrenten werden weiter privatisiert. **Das „smarte" zu Hause wird Trend** Der Pflegemix kann nicht überall gewährleistet werden. Trends, wie das smarte Zuhause, versuchen dieser Entwicklung mit technischen Lösungen entgegenzuwirken. Der Pflegeberuf wird durch die Digitalisierung und engmaschige Koordinierung attraktiver. Technik erfährt eine hohe Akzeptanz und übersteigt die Skepsis, auch in Bezug auf die Datensicherheit. Smart ist auch die Entwicklung in der Mobilität hin zu einem barrierefreien und digital vernetzen ÖPNV. Dennoch ist der Individualverkehr weiterhin primäres Verkehrsmittel. **Relevante Folgen für die Altenhilfe:** - Smarte und intuitive Bedienformen prägen den Alltag, was die Teilhabe und Aktivität auch im Alter steigen lässt. - Barrierefreiheit ist ein gesellschaftliches Thema - Das Sozialsystem ist undurchlässig: oben ist oben, unten ist unten - Die Pflegeversicherung bleibt nur eine Teilkaskoversicherung	**NEU gegenüber Szenario 1 bis 3: Das soziale Leben im ländlichen Raum leidet – der „abgekoppelte Alte"** Durch Bevölkerungsschrumpfung und niedrige Zuwanderung leiden Infrastruktur und soziale Teilhabe. Die Schleswig-HolsteinerInnen vereinsamen auf dem Land. Nationalismus und Egoismus wachsen, es besteht eine hohe Ungleichheit zwischen den Interessensgruppen. Man sucht seine Verwirklichung in der Religiosität und erkennt das Älterwerden als Chance der Ich-Findung. **Der Generationenvertrag kann nicht eingehalten werden** Mit Blick auf das Sozialsystem steigen die Renten der mächtigen Alten stetig, die Beiträge liegen bei bald 40%. Die gegliederte Sozialversicherung bleibt und die private Zusatzversicherung floriert. Die Pflegeversicherung bleibt eine Teilkasko-Versicherung. Der Sozialstaat ist teuer, doch nur wer lebenslang Eigenvorsorge betreibt, ist abgesichert. Viele können sich eine professionelle Pflege nicht mehr leisten und stützen sich auf ehrenamtliche HelferInnen, Familie und Angehörige, was das Wir-Gefühl belebt. Die analoge Nachbarschaftshilfe liegt im Trend, auch durch eine hohe Skepsis gegenüber neuen Technologien. Pflegekräfte aus dem Ausland werden benötigt, die Altersarmut und –not steigt. **Die Mobilität der Dienstleistung – das Zuhause ist der Lebensmittelpunkt** Das Leben der Schleswig-HolsteinerInnen ist durch technologische Entwicklungen deutlich verändert, denn die Angebote kommen nach Hause: Drohnen liefern das Essen, Medikamente etc. Vitalwerte werden digital durch vernetzte Geräte gemessen und an den Arzt verschickt. Die Menschen fühlen sich aber durch die digitale Kommunikation nicht alleine. **Relevante Folgen für die Altenhilfe:** - Der ländliche Raum ist DAS Problemgebiet der Altenhilfe - Durch die Not wird das informelle Wir-Gefühl gestärkt - Die Dienstleistung kommt zum Patienten, nicht umgekehrt - Die digitale Kommunikation verhindert Vereinsamung und Hilflosigkeit	**Das soziale Leben im ländlichen Raum leidet – der „abgekoppelte Alte"** Durch Bevölkerungsschrumpfung und niedrige Zuwanderung leiden Infrastruktur und soziale Teilhabe. Die Schleswig-HolsteinerInnen vereinsamen auf dem Land. Nationalismus und Egoismus wachsen, es besteht eine hohe Ungleichheit zwischen den Interessensgruppen. Man sucht seine Verwirklichung in und außerhalb institutioneller Religiosität und erkennt das Älterwerden als Chance der Ich-Findung. **Der Generationenvertrag kann nicht eingehalten werden** Mit Blick auf das Sozialsystem steigen die Renten der mächtigen Alten stetig, die Beiträge liegen bei bald 40%. Die gegliederte Sozialversicherung bleibt und die private Zusatzversicherung floriert. Die Pflegeversicherung bleibt eine Teilkasko-Versicherung, die mit Luxusangeboten aufgestockt werden kann. Zusatzrenten weiter privatisiert. Der Sozialstaat ist teuer, doch nur wer lebenslang Eigenvorsorge betreibt, ist abgesichert. Viele können sich eine professionelle Pflege nicht mehr leisten und stützen sich auf ehrenamtliche HelferInnen, Familie und Angehörige, was das Wir-Gefühl belebt. Die analoge Nachbarschaftshilfe liegt im Trend, auch durch eine hohe Skepsis gegenüber neuen Technologien. Pflegekräfte aus dem Ausland werden benötigt, die Altersarmut und –not steigt. **Das „smarte" zu Hause wird Trend** Der Pflegemix kann nicht überall gewährleistet werden. Trends, wie das smarte Zuhause, versuchen dieser Entwicklung mit technischen Lösungen entgegenzuwirken. Der Pflegeberuf wird durch die Digitalisierung und engmaschige Koordinierung attraktiver. Technik erfährt eine hohe Akzeptanz und übersteigt die Skepsis, auch in Bezug auf die Datensicherheit. Smart ist auch die Entwicklung in der Mobilität hin zu einem barrierefreien und digital vernetzen ÖPNV. Dennoch ist der Individualverkehr weiterhin primäres Verkehrsmittel. **Die Mobilität der Dienstleistung – das Zuhause ist der Lebensmittelpunkt** Das Leben der Schleswig-HolsteinerInnen ist durch technologische Entwicklungen deutlich verändert, denn die Angebote kommen nach Hause: Drohnen liefern das Essen, Medikamente etc. Vitalwerte werden digital durch vernetzte Geräte gemessen und an den Arzt verschickt. Die Menschen fühlen sich aber durch die digitale Kommunikation nicht alleine. **Relevante Folgen für die Altenhilfe:** - Der ländliche Raum ist DAS Problemgebiet der Altenhilfe - Das Sozialsystem ist undurchlässig: oben ist oben, unten ist unten - Durch die Not wird das informelle Wir-Gefühl gestärkt - Die Dienstleistung kommt zum Patienten, nicht umgekehrt - Die digitale Kommunikation verhindert Vereinsamung und Hilflosigkeit

Abbildung 18: Generierung von Szenario 4³

2.5 Meilensteine der Zukunftsszenarien

Zentrale Meilensteine für die Entwicklung der beiden Zukunftsszenarien waren:

> ➢ Eigene Ideen und Versionen werden durch direkte Kommunikation, Austausch, aber auch Reflexion befruchtet und weiterentwickelt.

> ➢ Eine zentrale Erkenntnis ist, dass unsere Zukunft gestaltbar ist, wenn wir in Aktion treten. Dabei kann die Szenarioanalyse als Katalysator wirken.

> ➢ Durch die mediale Präsenz eines Projekts wird dessen Streuungsweite vergrößert. Davon profitiert auch der partizipative Ansatz, um ein gemeinsames, wünschenswertes Szenario zu entwickeln.

> ➢ Eine empirische Datengrundlage ist das Fundament der Entwicklung von Zukunftspfaden.

> ➢ Kleine Schritte und Projekte müssen als Puzzlestücke eines ganzheitlichen Konzepts verstanden werden, die sich gegenseitig positiv bereichern und fördern.

> ➢ Mit statistischer Evidenz kann ein positives Bild auf das eigene Alter beobachtet werden.

> ➢ Es gelingt, einen positiven Gestaltungsentwurf für ein gutes Leben im Alter zu kreieren. Das ist angesichts der Zukunftsskepsis eine bedeutende Leistung.

> ➢ Zwischen unwahrscheinlich und unrealistisch besteht ein signifikanter Unterschied. Dennoch bleibt es eine große Herausforderung, das wünschenswerte Szenario auch als wahrscheinlich zu denken und dann zu wollen.

> ➢ Regionale Konzepte müssen im Einklang mit globalen Zukunftsstrategien stehen, wie beispielsweise mit der UN-Agenda 2030 nach dem Prinzip „Denke global, handle lokal".

> ➢ Die thematische Komplexität von Altenhilfe muss erkannt werden. Viele Themen spielen darin eine zentrale Rolle, die abhängig voneinander sind. Maßnahmen können positive wie negative Auswirkungen auf andere Gebiete haben. Die

Methode der Morphologischen Matrix erwies sich als ein geeignetes Instrument zur Strukturierung und Komplexitätsbewältigung, um Zukunftspfade zu finden.

➢ Dennoch ist es für viele schwer „über den Tellerrand" zu schauen. Daher war es sinnvoll, den Verdichtungsprozess auf mehrere Phasen zu unterteilen.

3 Die Zukunftskonferenz

Aufbauend auf den Ergebnissen der beiden Workshop-Wellen und der Online-Beteiligung wurde das Projekt mit einer Zukunftskonferenz am 14. Februar 2018 in Rendsburg abgeschlossen.[71] Ihr Ziel war die Entwicklung von „gemeinsamen Zukunftsbildern" durch die Interaktion verschiedener Interessengruppen und die Entdeckung des „gemeinsamen Grundes".[72] Grundprinzip hierfür ist, „das ganze System in einem Raum" abzubilden und den Fokus möglichst nicht auf Probleme und Interessenskonflikte zu lenken.[73]

In der Literatur findet man fünf Schritte, die während einer Zukunftskonferenz wie in einer „Achterbahnfahrt" durchlaufen werden. Die TeilnehmerInnen sollen ein gemeinsames „Gruppen- bzw. Organisationsbewusstsein" entwickeln, mit einer „gemeinsam getragenen Zielorientierung".[74] Die klare Struktur ist eine Stärke der Methode:

1) Rückblick: „Wo kommen wir her?"[75]
2) Analyse der IST-Situation innerhalb und außerhalb des Zielbereichs: „Welche Entwicklungen kommen auf uns zu?", „Worauf sind wir stolz? Was bedauern wir?". Ziel ist die „Erzeugung eines Gesamtbilds der Realität" als „Basis gemeinsamer Ziele"
3) Vision/Ziele: „Wo wollen wir hin?"; Erarbeitung und Visualisierung von Handlungsfeldern
4) Konsens schaffen über „gemeinsame Ziele der Visionen" für eine nachhaltige Wirksamkeit

---

[71] Zunächst war eine Zukunftskonferenz je Laborregion mit ca. 60 TeilnehmerInnen geplant. Nach der ersten Workshop-Welle wurde in der Steuerungsgruppe und im Projektbeirat einvernehmlich entschieden, im Februar 2018 eine zentrale Zukunftskonferenz mit ca. 120 TeilnehmerInnen in Rendsburg durchzuführen. Sie wurde zugleich als reale Konferenz in Rendsburg und als virtuelle Konferenz im Internet geplant.

[72] Burow u.a. 2002, S. 16ff.

[73] Baumfeld/Plicka 2005, S. 76ff.

[74] Burow u.a. 2002, S. 18

[75] Baumfeld/Plicka 2005, S. 77

5) Erarbeitung von ersten „Maßnahmen zur Erreichung der gemeinsam festgelegten Ziele"[76]

Es ist während der Zukunftskonferenz besonders wichtig, dass Gruppengrenzen aufgebrochen werden um „Gemeinsamkeitsgefühle quer zu den bereits bestehenden Gruppenloyalitäten" aufzubauen.[77] Wichtig ist die Teilnahme einflussreicher Personen aus der Politik, Wirtschaft und Zivilgesellschaft. Es müssen möglichst alle Gebiete, die mit der Altenhilfe verbunden sind, abgedeckt sein.

Durch diese Methode können bei Veränderungsbedarf neue Energien geweckt werden, durch die Erkenntnis gemeinsamer Werte unterschiedlicher Akteure, die dann nachhaltig wirkt, wenn der erarbeitete Maßnahmenplan implementiert wird.[78]

Für die Zukunftskonferenz wurden diese konzeptionellen Schritte beachtet, allerdings in geänderter Reihenfolge, da die Zukunftskonferenz auf zwei Wellen der Zukunftswerkstätten aufbauen konnte. Der Titel lautete *„ZASH2045 – Wir können überall alt werden!"*. Die Planung stellte sich folgendermaßen dar:

Wir sind im Jahr 2045. Das ist die IST-Situation der Konferenz. Unsere Trendthemen werden alle abgedeckt mit den Ausprägungen des gewünschten Szenarios $S1^2$. Alle TeilnehmerInnen (TN) erhalten zu Beginn einen Aufkleber, der ihr jetziges Alter (im Jahr 2045) zeigt. Der Eingang der Zukunftskonferenz ist mit persönlichen Fragen gefüllt, damit sich die TN mental auf das Jahr 2045 vorbereiten (z.B. Fragen aus der Traumreise aus der 1. Workshop-Welle). Zudem wird der Projektprozess abgebildet (7 Trends → 4 Szenarien → 2 finale Szenarien und deren Polarität → 1 Wunschszenario). Aus diesem Standpunkt heraus wird argumentiert und interagiert, es sollte eine deliberative Veranstaltung werden. Die TN müssen emotional angesprochen werden, das Szenario muss erlebbar und erfahrbar sein. Was hätte man sich für die letzten Jahre an Entwicklungen gewünscht (Pfade, Pfadabhängigkeit)? Konnten fördernde Faktoren genutzt und hemmende Faktoren beseitigt werden? Am Ende der Zukunftskonferenz

---

[76] Burow u.a. 2002, S. 39

[77] Baumfeld/Plicka 2005, S. 78

[78] Baumfeld/Plicka 2005, S. 80

stehen Erkenntnisse & Thesen zur Weiterentwicklung der Altenhilfe in Form eines Manifests. Dieses Dokument war schon vor der Konferenz online auf der ZASH-Homepage mit der Beantwortung von 17 Fragen kommentierbar (siehe Kapitel 4).

Die ersten Konzeptionsdiskussionen zur Zukunftskonferenz haben gezeigt, dass ein verständliches, exemplarisches Projekt Teil der Zukunftskonferenz sein muss. Es müssen vermittelbare Narrative entstehen. Uns erscheint die Thematik „Vernetzung und Kommunikation" ein wichtiges Gebiet. Die Spannung zwischen ganzheitlichem Denken und der vorhandenen Versäulung muss dabei in den Fokus rücken. Das Projekt ist **Entsäulung der Altenhilfe**. Ein zentrales Beispiel hierfür ist die Steuerungsproblematik zwischen den Gebieten Rehabilitation, Pflege, Teilhabe und Gesundheit und ganz wichtig: deren Interaktionen[79]. Wie kann mit diesen Überlegungen ein „Alter 4.0/5.0" gestaltet werden? Es werden Advokaten in der Altenhilfe benötigt, genauso wie Dialogforen und ein ganzheitliches Denken (Stichwort: Trägerübergreifende Querschnittsorganisation). Es werden Geschichten zum Vernetzen gesucht und die Zukunftskonferenz möchte dafür ein erster Schritt sein.

Die Zukunftskonferenz wurde räumlich in zwei Bereiche aufgeteilt (Abbildung 19). Im Zentrum des Saals steht ein Podium mit Bestuhlungsreihen, auf dem zunächst ein Start-Programm erfolgt (*Eröffnung*: Statement, Präsentation Zukunftsszenario, Methodik), anschließend fanden zu den vier Gestaltungstrends der Szenarioentwicklung (Sozialsysteme – Pflege – Technologie – Mobilität, jeweils ca. 20 Minuten) kurze **Zukunftstalks** statt. Abschluss bei jedem Talk war die Vorstellung des Ziels und nach Möglichkeit der Unterziele und deren Interaktion mit anderen Zielen.

---

[79] Ähnlich der Debatte um die UN-Nachhaltigkeitsziele.

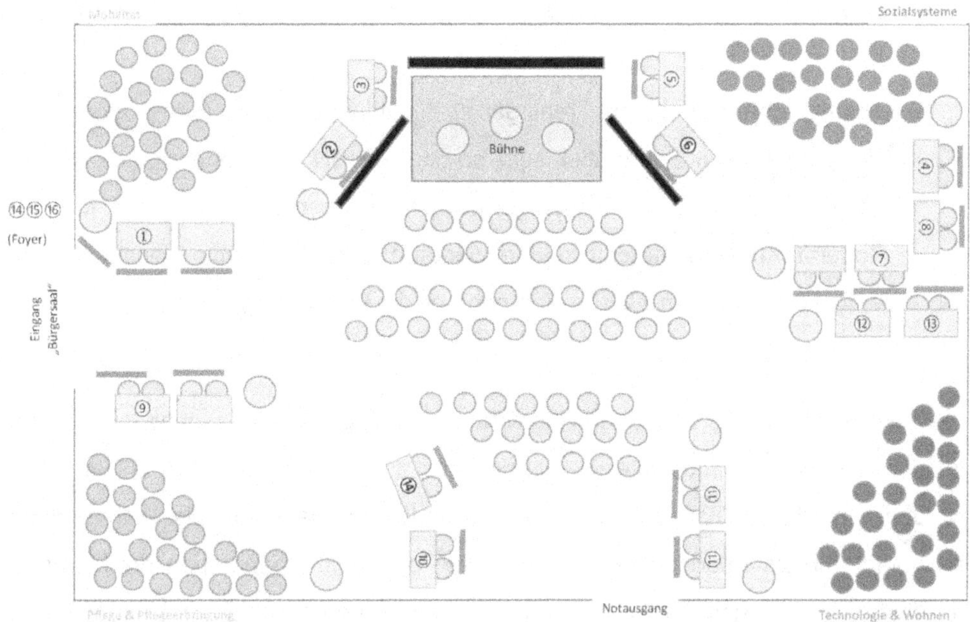

Abbildung 19: Räumliche Gestaltung der Zukunftskonferenz

Das erste Tendenzvotum konnte über die App **Mentimeter** (https://www.mentimeter.com/why) live abgegeben werden (eine Art Mini-Delphi). Somit konnte jede/r TeilnehmerIn die Richtung der Diskussion direkt beeinflussen und der Entscheidungsprozess ist transparent, jede/r kann Stellung beziehen. Diese Statements wurden von einer ISÖ-Mitarbeiterin in die Diskussion integriert.

Der zweite Teil des Saals wurde in vier **Zukunftsinseln**[80] aufgeteilt, die jeweils aus einem „Marktplatz"[81] mit Projektständen und einer „Ideenwerkstatt" bestanden:

1) **Marktplatz**: Es wurden verschiedene Projekte und Innovationen eingeladen, die das gewünschte Szenario voranbringen. Jeder erhielt einen kleinen Stand, an dem er sich präsentieren und informieren konnte. Damit entstand Platz für andere Diakonie-Projekte („Auf Augenhöhe", DIADEM, MAMBA usf.), aber auch für den Pflegeroboter aus Kiel oder das Rufbussystem aus Nordfriesland. Die Laborregionen Nordfriesland und Segeberg wurden besonders angesprochen.

---

[80] Pro Gestaltungstrend eine Zukunftsinsel. Jede Insel erhielt eine Farbe zur besseren Unterscheidung.

[81] Hier wird die Methode des Marktplatzes aufgegriffen.

Auch die Kleinen Zukunftsprojekte konnten den Zukunftsinseln zugeordnet werden.

2) **Ideenwerkstatt**: Zu jedem Trend gab es eine Ideenwerkstatt (Semi-Open-Space Gruppen). Es sollte gemütlich sein, so dass die TN miteinander gut kommunizieren und Ideen eventuell auch gemeinsam weiterentwickeln können. Mehrere ModeratorInnen achteten pro Ideenwerkstatt darauf, dass die Ideen schriftlich festgehalten wurden. Hierbei übernahmen die Beiratsmitglieder besondere Verantwortung.

Die Zukunftskonferenz selbst kann hinsichtlich der Teilnahme-Resonanz (ca. 170 Anmeldungen, einschließlich aller Beteiligten) als außerordentlicher Erfolg betrachtet werden. Unterdessen liegt online eine umfassende Dokumentation aller Plenarphasen als Audio- und als Videodateien vor sowie der Powerpointpräsentation, der Mentimeter-Abstimmungen und die Fotos des gesamten Konferenzverlaufs und insbesondere der Ergebnisse der insgesamt 16 Ideenwerkstätten in 4 Zukunftsinseln. Für die interne Auswertung von Steuerungsgruppe und Beirat erstellte das ISÖ eine SWOT-Analyse. Sie machte deutlich, dass die digitalen Funktionsanforderungen beispielsweise bei zeitgemäßen Votings erheblich sind, und die Durchdringungsrate bei den TeilnehmerInnen trotz intensiver Vorabinformation bei weniger als 50% lag (N = 66), zugleich aber auch der analoge Fragebogenersatz nur bescheiden (N = 3) genutzt wurde; möglicherweise war aber auch die Bereitschaft zur aktiven Konferenzbeteiligung bei einer Reihe von TeilnehmerInnen nicht so ausgeprägt. Trotz einer aufwändig und attraktiv produzierten Konferenzbroschüre, die auch das Zukunftsmanifest in Printform einschloss, fiel auf, dass die Bezüge auf diesen in der Vorbereitung als zentral erachteten Text sowohl in den Plenarphasen wie in den Ideenwerkstätten sehr zurückhaltend waren, auch wenn am Ende die Zustimmung im Voting eindeutig und ohne Gegenstimmen ausfiel.

Eher im Kontrast zur zurückhaltenden Beteiligung bei digitalen Formen der Partizipation war sowohl bei den Zukunftswerkstätten wie der Zukunftskonferenz der Wunsch nach persönlicher Begegnung, Austausch und Vernetzung markant. Innovative Formen

der Zukunftsgestaltung müssen diese Dimension zwingend berücksichtigen. Sehr hilfreich dafür war die Auflistung aller angemeldeten TeilnehmerInnen im attraktiv gestalteten Programmheft (Abbildung 20).[82]

Abbildung 20: Titelbild des Programmheftes zur Zukunftskonferenz

Die persönliche Erfahrung kann dadurch vor dem Hintergrund gesellschaftlicher Entwicklungen zur Antizipation von Zukunft beitragen. Methodisch besonders gelungen war für die **Verbindung von Person, Gesellschaft und Zukunft** die Imagination des persönlichen Alters im Jahr 2045 durch eine Tabelle im Tagungsbüro und individualisierte

---

[82] Das Programmheft steht wie alle weiteren Projektdokumente auf der Projekthomepage www.zash2045.de zum Download zur Verfügung.

Buttons für alle TeilnehmerInnen mit dem eigenen Alter in 2045 bei. Zu dieser persönlichen Mentalisierung von Zukunft trugen auch die graphisch sehr ansprechenden Wandaufschriften im Aufgang zum Konferenzsaal mit Fragen zur persönlichen Lebenssituation im Jahr 2045 bei.

Eine Transformation von eigener Lebensgeschichte in Zukunft machte der Innovationsredner Prof. Schrader im Zukunftstalk Technologie mit seiner Methode des Story-Telling deutlich. Das Gesamt dieser Erfahrungen zeigt, dass Zukunftsgestaltung Orte von direkter Begegnung und Kommunikation erfordert, auch um die Erfahrung von gesellschaftlichem Zusammenhalt zu gewährleisten. Zugleich müssen aber solche und ähnliche Zukunftskeime in diese gemeinschaftlichen Räume platziert werden, damit sie sich nicht mit der Wiederholung der Gegenwart oder sogar nur rückwärtsgewandten Visionen begnügen.

3.1 Programm der Zukunftskonferenz

Die Zukunftskonferenz bestand aus vier moderierten Zukunftstalks mit jeweils einer/m InnovationsrednerIn und zwei bis vier GegenwartsrednerInnen – sie sollten die Zukunftsideen mit der Gegenwart verbinden, Phantasie mit Realismus. An jeden Zukunftstalk schloss sich in den vier Zukunftsinseln eine ebenfalls moderierte Ideenwerkstatt an. Die TeilnehmerInnen konnten zwischen den Ideenwerkstätten wechseln.

Programm

09:00 – 9:45 Uhr **Eröffnung**
Staatssekretärin Kristina Herbst (Innenministerium Schleswig-Holstein) /
Landespastor Heiko Naß (Diakonisches Werk Schleswig-Holstein)

09:45 – 10:30 Uhr **Zukunftstalk: Trend „Sozialsysteme"**
Prof. Dr. Michael Opielka (ISÖ), Simone Lange (OB Flensburg),
Dr. Peter Bartmann (Diakonie Deutschland)

10:30 – 11:15 Uhr **Ideenwerkstatt**

11:15 – 12:00 Uhr **Zukunftstalk: Trend „Pflege und Pflegeerbringung"**
Prof. Dr. Thomas Klie (Ev. Hochschule Freiburg),
Ulrike Röhr (Präsidentin Landfrauen), Swantje Seismann-Petersen
(Deutscher Berufsverband für Pflegeberufe – DBfK), Dr. Hildegard Entzian
(Sozialministerium Schleswig-Holstein)

12:00 – 12:30 Uhr **Ideenwerkstatt**

12:30 – 13.30 Uhr **Mittagspause**

13:30 – 14:00 Uhr **Zukunftstalk: Trend „Technologie (& Wohnen)"**
Prof. Dr.-Ing. Andreas Schrader (Univ. Lübeck), Irene Fuhrmann
(KIWA Koordinationsstelle für innovative Wohn- und Pflegeformen im Alter),
Dipl.-Ing. Dietmar Walberg (AG für zeitgemäßes Bauen), Propst Erich Faehling
(Kirchenkreis Plön-Segeberg), Carsten-F. Sörensen (Kreis Nordfriesland)

14:00 – 14:45 Uhr **Ideenwerkstatt**

14:45 – 15:15 Uhr **Zukunftstalk: Trend „Mobilität"**
Dr. Astrid Könönen (Ramboll Management Consulting), Uwe Schwalm
(Kreistag Nordfriesland), Jörg Bülow (Schleswig-Holsteinischer Gemeindetag),
Petra Coordes (NAH.SH), Jan Peter Schröder (Landrat Kreis Segeberg)

15:15 – 16:00 Uhr **Ideenwerkstatt**

16:00 – 17:00 Uhr Schlussplenum, Präsentation des Mentimeter-Votums /
Verabschiedung des Zukunftsmanifest 2030/45

3.2 Einführung und Innovationsbeiträge

3.2.1 Einführung von Landespastor Heiko Naß (Diakonisches Werk Schleswig-Holstein)

Der Kalender und der Mondverlauf fügen es zusammen, dass wir am heutigen 14. Februar zwei auf den ersten Blick divergierende Jahrestage begehen.

Wir haben den Aschermittwoch und damit den Beginn der Passions- und Fastenzeit, sieben Wochen sind es bis zum Osterfest. Und nicht nur die Kirchen, sondern viele Menschen in diesem Land nehmen durch einen eigenen persönlichen Beitrag an dem Geist dieser Zeit teil.

Auf der anderen Seite haben wir heute den Valentinstag, den Tag der Liebenden, sehr zur Freude der Floristik in diesem Land. Der eigentliche Namensgeber dieses Tages, der Bischof Valentin von Terni, erlitt im dritten nachchristlichen Jahrhundert das Martyrium, womit sich dann doch die beiden Kreise dieses Tages heute schließen.

Durch die Vergewisserung unserer Herkunft machen wir uns zukunftsfähig. „Zukunft braucht Herkunft" hat der große Philosoph Odo Marquard einen berühmten Essay überschrieben. Wenn wir in unserer heutigen Konferenz einen Blick in die Zukunft wagen, dann haben wir damit immer auch unsere Herkunft im Blick. Herkunft heißt hier: die Region, die Vernetzung vor Ort, die Verbindung mit dem Land, in dem wir leben. Und gleichzeitig fragen wir: Wie wird in diesem Land der Horizonte 2045 die Zukunft für ein Leben im Alter aussehen? Wird es eher eine Passions- oder eine Ostergeschichte sein?

Tatsächlich haben wir zusammen mit dem ISÖ - Institut für Sozialökologie unter der Leitung von Prof. Opielka in vielen Workshops und mittels einer Onlinebefragung zwei Szenarien erarbeitet. Ein Szenario sieht in etwa so aus:

Eine Hand voll Häuser, die Hälfte davon unbewohnt, abgeschieden, keine Familie in greifbarer Nähe, öffentliche Verkehrsmittel fahren nur selten, Fußwege sind weit und beschwerlich, Pflegepersonal ist rar und die jungen Menschen leben in den Städten.

Die meisten Teilnehmenden unser Studie haben gesagt: Das wollen wir nicht, aber es ist wohl wahrscheinlich, dass es so kommt.

Daneben aber hat sich ein anderes, ein wünschenswertes Szenario entwickelt. Und das geht so: Der ländliche Raum hat durch Digitalisierung und gute Infrastruktur eine hohe Attraktivität für Menschen aller Generationen. Es gibt neue Wohnformen und einen Erfahrungstransfer von Alt zu Jung. Mobilität ist durch Dienstleister und einen digital vernetzten barrierefreien ÖPNV in Verbindung mit autonomem Fahren gewährleistet. Präventive und gesundheitsfördernde Maßnahmen unterstützen langes Wohlbefinden. Soziale Netzwerke und technische Innovationen bieten neue soziale Orte. Die Lebensqualität ist hoch und die Altenhilfe in einer stabilen Position.

Heute wollen wir herausfinden: Wie machen wir das, was wünschenswert ist, wahrscheinlich? Welche ersten Schritte müssen wir heute tun, welche Pfade wählen, damit wir das gesteckte Ziel erreichen?

Ich freue mich, dass Sie so zahlreich heute gekommen sind. Denn Ihre Mitwirkung, Ihre Mitentscheidungen, Ihre Anregungen bringen uns dem Ziel näher.

Deshalb darf ich mich zuerst bei Frau Staatssekretärin Herbst aus dem Innenministerium für Ihr Kommen bedanken und Ihre Mitwirkung heute. Insbesondere durch Ihre Verantwortung für die ländlichen Räume ist Ihr Beitrag für uns von besonderem Interesse.

Ich bedanke mich bei allen Referentinnen und Referenten des heutigen Tages, bitte haben Sie Verständnis, dass ich Sie jetzt nicht einzelnen begrüße, Sie sind in der Tagungsmappe bereits vorgestellt und werden später persönlich begrüßt.

Mit den Vertreterinnen und Vertretern der Ministerien, Parteien, der Selbstverwaltung und Verwaltung der Kreise, Städte und Kommunen, der Kirchenkreise und Kirchengemeinden, der Seniorenbeiräte, Universitäten und Fachhochschulen, der Institution bürgerschaftlichen Engagements wie den Landfrauen, Einrichtungen und Dienste, Ärzte, Fortbildungsinstitute und vielen anderen sind Sie als namhafte Akteure mit Ihren Kompetenzen anwesend, wofür ich mich sehr bedanke. Danke auch für die Beteiligung an

den Ausstellungen, mit der Sie auf viele zukunftsweisende Initiativen aufmerksam machen.

Wir haben zum Zwecke der Netzwerkbildung eine Namensliste der Angemeldeten an unsere Tagungsbroschüre angehängt.

Ich bedanke mich insbesondere bei den Mitgliedern des Beirates unserer Studie, viele werden heute Moderatorin oder Moderator sein, auch bei unseren Projektpartnern und bei allen, die den Tag vorbereitet haben.

3.2.2 Innovationsbeitrag von Prof. Dr. Michael Opielka (ISÖ) für den Zukunftstalk „Sozialsysteme"

Ohne soziale Sicherheit keine Freiheit zur Zukunft. Die Bedürfnispyramide des Psychologen Abraham Maslow hat das gezeigt, wie auch die Wertewandelsforschung der letzten Jahrzehnte. Wir hängen im Materiellen fest, wenn es uns keine Sicherheit gibt. Kulturleistungen, geistige Offenheit, nachhaltiges Denken brauchen Freiheit und damit soziale Sicherheit. Moderne Gesellschaften sind nicht nur deshalb Wohlfahrtsstaaten, weil so der Klassenkonflikt ruhig gestellt werden konnte und die Menschen bereit sind, in ihre Bildung zu investieren, was der Produktivität nützt. Sie sind vor allem deshalb Wohlfahrtsstaaten, weil sie demokratisch verfasst sind und politische wie rechtliche Gleichheit auch nach wirtschaftlicher und sozialer Gleichheit verlangen. Gleichwohl haben viele Menschen Angst, dass langfristig soziale Sicherheit nicht mehr garantiert werden kann, auch diejenigen, die heute nicht zu den Armen gehören. Zukunftsforschung muss sich damit beschäftigen.

Das ist allerdings nicht gerade einfach, denn der deutsche Sozialstaat zeichnet sich durch eine extrem unübersichtliche Struktur aus. Das hat vor allem mit seiner Geschichte zu tun, die seit seiner Begründung am Ende des 19. Jahrhunderts ganz eng am Arbeitsmarkt orientiert war. Der „lohnarbeitszentrierte" Sozialstaat sollte vor allem die Lebensrisiken von Arbeitnehmern begrenzen, die wiederum für ihre Familien zuständig waren. Im 21. Jahrhundert haben sich diese Risikolagen freilich erheblich verändert. Drei Megatrends sind dafür verantwortlich:

- Zum einen erodierte der *Wandel der Familie* von der Mehrgenerationenfamilie zur Wahlfamilie ihre Chancen, zur sozialen Sicherheit ihrer Mitglieder beizutragen. Noch immer gibt es Familien mit einem lebenslang gültigen Unterhaltsversprechen und solche, in denen Erbschaften die Nachkommen absichern. Doch immer mehr Menschen können ihre materielle Sicherung darauf nicht mehr aufbauen, vor allem Frauen wird dies dringend abgeraten. Die Erosion familialer Solidarität erfasst zunehmend aber auch den Bereich sozialer Sicherung, für den Familien historisch immer standen und noch immer überwiegend stehen: das Feld der Sorge, die Sorgearbeit für Kinder, für Menschen mit Behinderung und vor allem für alte Menschen. Schon heute zeichnet sich ein „tiefer Riss" zwischen Eltern und Kinderlosen ab.[83] In einer Generation, im Jahr 2045, werden Familien und damit auch Frauen kaum noch selbstverständlich als Sorgeort eingeplant werden können.

- Der zweite Megatrend, der die Sozialsysteme der Zukunft prägen wird, ist die *Globalisierung*. Sie taucht in zwei Gestalten im Sozialstaat auf, als zunehmend neoliberal verfasster Weltmarkt und als Migration. Der globale Markt beschleunigt den Wettbewerb und senkt einerseits die Preise. Wir können uns immer mehr leisten. Andererseits erhöht er überall den Druck, wettbewerbsfähig zu sein. Arbeitsabläufe werden verdichtet, das „unternehmerische Selbst" wird propagiert, Kinder und Jugendliche vergleichen sich mehr denn je. Als Migration drängt die Globalisierung in unsere Gesellschaft hinein, wird von vielen als Bereicherung und kulturelle Vielfalt erlebt, von vielen aber auch als Bedrohung von kultureller und sozialer Zugehörigkeit. Im Jahr 2045 werden beide Gestalten, Weltmarkt und Migration, eine heute noch unbekannte Dynamik erhalten.

- Schließlich, drittens, wird der Megatrend *Digitalisierung* die Sozialsysteme der Zukunft massiv auf ganz unterschiedlichen Gebieten prägen. Weil die Finanzierungsarchitektur des deutschen Sozialstaats an der Erwerbsarbeit ausgerichtet ist, wird die Durchdringung der Arbeitswelt durch Arbeit 4.0 oder irgendwann 5.0, durch Künstliche Intelligenz mit dem Arbeitsmarkt auch die Finanzierung

---

[83] Garsoffky/Sembach 2017

sozialer Sicherheit verändern und womöglich gefährden. Die Digitalisierung wird aber auch die personenbezogenen Dienste des Sozialstaats verändern, Gesundheit, Pflege, Bildung, selbst Kinderbetreuung werden intelligenter und schneller, aber auch undurchschaubarer. Im Jahr 2045 werden wir digitaler arbeiten und leben.

Diese drei Megatrends werden womöglich noch durch weitere Veränderungen begleitet, über die heute nur spekuliert werden kann, beispielsweise auf dem Gebiet der Kommunikation und der politischen Meinungs- und Entscheidungsfindung. Was wir aber sicher absehen können, sind gravierende Veränderungen für das Verhältnis von Alt und Jung wie von Land und Stadt. Wir werden zwar immer älter und wohl auch länger gesund bleiben. Doch ob wir im Wettbewerb auch im Alter mithalten können, ist keineswegs sicher. Die Städte werden im 21. Jahrhundert ihre Anziehung weiter erhöhen und den ländlichen Raum unter Druck setzen.

Wenn wir auf die Zukunft des Alters und die Zukunft der Altenhilfe blicken, wird schnell klar, dass die hier nur knapp skizzierten Veränderungen eine gewaltige Herausforderung für die Zukunft der Sozialsysteme bilden. Ist hier Optimismus berechtigt und wie wäre er begründbar?

Mir scheint, dass eine nachhaltige Sozialpolitik im Grunde eine Radikalisierung des sozialpolitischen Gleichheitsversprechens erfordert, also weg von einer nach Berufsgruppen organisierten und damit an der Erwerbsarbeit zentrierten Sozialpolitik und hin zu einer universalistischen, bürgerrechtlichen Sozialpolitik. Dazu gehört eine zukunftsorientierte Interpretation des für den deutschen Sozialstaat ebenfalls kennzeichnenden Subsidiaritätsprinzip, wonach die kleineren Einheiten von den größeren Einheiten darin unterstützt werden müssen, ihre Leistungen so gut wie möglich zu erbringen. Ich möchte das an zwei zentralen Elementen einer nachhaltigen Sozialpolitik plastischer machen, der Idee der Bürgerversicherung und der Idee des Grundeinkommens. Beide Ideen würden den deutschen Sozialstaat ziemlich grundsätzlich ändern, aber eben auch zukunftsfähig machen.

Die Idee der Bürgerversicherung ist einfach und im Grunde im modernen Wohlfahrtsstaat längst bekannt: alle Bürgerinnen und Bürger zahlen in dasselbe Sicherungssystem ein und erhalten dieselben, am Bedarf orientierten Sachleistungen im Bereich Pflege und Gesundheit und vergleichbare Geldleistungen, wo sich die Leistungshöhe am früheren Einkommen orientiert. Bekannt ist dieses Prinzip aus dem Steuerstaat: kommunale, Länder- und Bundesleistungen kommen allen Bürgerinnen und Bürgern gleichermaßen zu, die Steuern werden nach Leistungsfähigkeit und ohne Bemessungsgrenze erhoben, vor allem die bedeutendsten Steuerarten Einkommens- und Mehrwertsteuer. Während sich die Sozialversicherungen in Deutschland nur an Arbeitnehmer (und freiwillig versicherte Selbständige) richten, besteht parallel ein Sammelsurium von Sondersystemen für Beamte, Freiberufler, Landwirte, Bergleute, Künstler und Selbständige. Eine Bürgerversicherung behandelt die Sozialbürger wie Steuerbürger, nämlich gleich.

In einer Reihe von Wohlfahrtsstaaten ist das längst ganz oder in Teilen gang und gäbe, beispielsweise in den USA, die mit der Social Security die größte Renten-Bürgerversicherung der Welt aufweisen, in den Niederlanden oder in der Schweiz, die sogar Kranken- und Rentenversicherung nach dem Prinzip der Bürgerversicherung organisiert. Bürgerversicherungen haben zwei gewaltige Vorteile: sie verfügen, wie Steuern, über die größtmögliche Bemessungsgrundlage, nämlich alle Bürgerinnen und Bürgerinnen und ihre Einkommen. Sie sind damit am besten geeignet, den demographischen Wandel zu bewältigen, weil die Veränderungskosten nicht versteckt werden können (wie heute in der Beamtenversorgung), sondern demokratisch verteilt werden müssen. Der zweite Vorteil ist ihre Effizienz, die vor allem bei Gesundheit und Pflege eklatant ist: so sind beispielsweise die Gesundheitskosten im weitgehend auf Privatversicherungen basierenden Gesundheitssystem der USA beinahe doppelt so hoch wie in Großbritannien, wo der National Health Service aus Steuermitteln finanziert wird oder in Österreich, das ebenfalls über eine Bürgerversicherung für Gesundheit verfügt. Die Befürworter des gegliederten oder besser zergliederten Systems behaupten, dass ihr System dafür bessere Leistungen anbiete, doch die empirischen Vergleiche beispielsweise der Weltgesundheitsorganisation WHO zeigen das Gegenteil.

Für die Zukunft der Sozialsysteme sind beide Vorteile der Bürgerversicherung von gewaltiger Bedeutung. Der demographische Wandel hin zu einer schrumpfenden und alternden Bevölkerung in den modernen Dienstleistungsgesellschaften macht den Menschen Angst. Sie befürchten, dass bis in die Mittelschichten hinein soziale Sicherung unsicher wird und Armutsrisiken drohen. Angesichts der absehbaren Kostensteigerungen in Gesundheit und Pflege durch die Alterung einerseits, durch Leistungssteigerungen und höhere Einkommen für Sozial- und Gesundheitsberufe andererseits wird es umso wichtiger, dass die Sicherungssysteme so effektiv wie möglich arbeiten und nicht durch Profitinteressen und Koordinationsprobleme ausbluten. Ein nüchterner Blick in die Zukunft erzwingt gegen alle konservative Beharrungsneigung eine grundlegende Sozialreform!

Für den Wechsel zu einer umfassenden Bürgerversicherung spricht auch die zweite Idee, die Idee des Grundeinkommens. Denn auch sie ist nur für alle Bürgerinnen und Bürger, also universalistisch denkbar. Diese Idee wollen wir nun etwas anschaulicher diskutieren.

Stellen wir uns zum Grundeinkommen folgendes Szenario vor:

> *Im Jahr 2018 wurde die Flensburger Oberbürgermeisterin Simone Lange (SPD) zur Vorsitzenden der SPD gewählt. Unmittelbar nach ihrer Wahl erklärt sie, dass sie sich für die Ausweitung des Grundeinkommens-Modells auf ganz Deutschland einsetzen wird.*
>
> *Der neue Vorsitzende der Grünen, Robert Habeck, nutzt seine verbleibende Amtszeit als Jamaika-Koalitions-Minister um im Jahr 2018 das „Zukunftslabor soziale Sicherung" der Landesregierung Schleswig Holstein per Bundesratsinitiative ab 2019 bundesweit einzusetzen.*
>
> *Der neue Bundesminister Horst Seehofer (CSU) erinnert sich an sein Votum für die „Grundrente" der Katholischen Arbeitnehmer-Bewegung KAB und schließt sich der Grundeinkommens-Initiative der ZukunftspolitikerInnen aus SPD und Grünen an.*

... dann geht es Schlag auf Schlag:

Bundeskanzlerin Merkel erinnert sich noch in 2018 daran, dass sie selbst im Jahr 2008 den Startschuss für eine Kommission „Solidarisches Bürgergeld" unter Leitung des damaligen Thüringer Ministerpräsidenten Dieter Althaus gab, an der auch der CDU-Fraktionsvorsitzende Volker Kauder und als externe Experten die Professoren Thomas Straubhaar und Michael Opielka mitwirkten. Sie plädiert für eine „ergebnisoffene" doch „alternativlose" Prüfung.

Die Bundesvorsitzende der LINKEN, Katja Kipping, und der Thüringer Ministerpräsident Bodo Ramelow erinnern sich daran, dass sie 2006 gemeinsam mit Michael Opielka „Thesen für einen neuen Sozialstaat" veröffentlichten. Im Zentrum: eine „Grundeinkommensversicherung".

... schließlich auch noch die FDP:

Der Wirtschaftsminister der FDP in NRW, Prof. Dr. Andreas Pinkwart, erinnert sich im Sommer 2018 daran, dass er selbst Vorsitzender der „Kommission Bürgergeld - Negative Einkommenssteuer (KoBüNE)" seiner Partei war, die im Jahr 2005 ihren Abschlussbericht vorgelegt hatte. Er bewegt seinen Parteichef Lindner dazu, seine Skepsis gegenüber der Idee des Grundeinkommens aufzugeben, führt Modellprojekte in NRW ein und erhält außerordentlichen Zuspruch für seine zukunftsorientierte Politik.

In allen politischen Lagern gibt es Unterstützung für die Idee eines Grundeinkommens, wenngleich die Unterstützerinnen und Unterstützer überall noch in der Minderheit sind. Einer der heftigsten Einwände ist stets: Wie könnte ein Grundeinkommen praktisch eingeführt werden? Pfade in die Zukunft müssen auch gegangen werden können. Ein Modell, das an das deutsche Sozialversicherungsmodell anschließt und es mit dem Schweizer Modell der Alterssicherung verbindet wäre die „Grundeinkommensversicherung": Sie bedeutet, die Idee des Grundeinkommens mit der Idee der Bürgerversicherung als Strukturreform des Wohlfahrtsstaates zu verknüpfen. Hier bietet die Schweiz mit der Alterssicherung AHV ein referendumsfähiges, bewährtes Modell. Alle Einkom-

mensarten werden mit einer zweckgebundenen Sozialsteuer verbeitragt, ohne Obergrenze. Dafür werden die Beiträge insgesamt niedriger, da auch die Erhebungsbasis deutlich größer ist. Zugleich werden die Leistungsbeträge in einem Korridor – die Schweiz verwendet 1 zu 2, d.h. die Leistungen erreichen maximal das Doppelte der Grundrente – gesockelt und gedeckelt. *Es spricht sozialpolitisch und sozialrechtlich nichts dagegen, dieses Bürgerversicherungsprinzip auf alle Geldleistungssysteme des Sozialstaats auszuweiten.* Als sogenannte „Grundeinkommensversicherung" wurde für 2004 ein Beitragssatz von 17,5%, also für Rentenversicherung, Arbeitslosenversicherung, Kindergeld, Elterngeld, Bafög und Krankengeld berechnet. In Abbildung 21 werden die Werte auf 2018 hochgerechnet. Je höher das Leistungsniveau – was den Sockel, also das Grundeinkommen, und was die Breite des Korridors, also den Höchstleistungsbetrag betrifft –, desto höher der Beitrag.[84]

Es ist hier nicht der Raum, dieses Grundeinkommens-Modell im Detail zu beschreiben. In Deutschland fällt den meisten schon die Vorstellung schwer, weil wir hier keine Bürgerversicherung haben. Der größte Unterschied zur Grundsicherung („Hartz IV") ist, dass das Grundeinkommen in der Grundeinkommenssicherung nicht bedarfsabhängig ist, es erfolgt also keine Anrechnung von sonstigem Einkommen, Vermögen und Unterhaltsansprüchen. Gewöhnungsbedürftig ist sicher die Idee eines „partiellen Grundeinkommens" für diejenigen, die am Arbeitsmarkt nicht teilnehmen wollen, obwohl sie es könnten. 50% des Grundeinkommens erhält man als nicht rückzahlbaren Zuschuss, die anderen 50% als Darlehen, wie heute im Bafög. Im Detail wird hier sicher gestritten, beispielsweise über die Dauer des Arbeitslosengeldes, die hier mit drei Jahren kalkuliert wurde, wie auch das Elterngeld. Ein „reines" Grundeinkommen wäre eine Negative Einkommenssteuer, die ganz ohne vorherige Beitragszahlung ausgezahlt wird, aber eben immer auch auf komplizierte Weise mit dem Sozialversicherungssystem verknüpft werden muss. Auch die Grundeinkommensversicherung braucht, wie in der Schweiz, Zusatzsysteme, beispielsweise eine obligatorische betriebliche Alterssicherung, um mehr zu erhalten als das Doppelte des Minimums.

---

[84] Opielka 2015, ausführlicher zum Modell Opielka 2008

Leistungsbereich	Leistung	Beitrag in Prozent (auf alle Einkommen)
Renten	972 - 1.944 €	10
Übergangszuschlag Renten		2
Arbeitslosengeld	810 - 1.620 €	1,5
Elterngeld	810 - 1.620 €	0,5
Kindergeld	je Kind 202 € *(plus bis 202 € Zuschlag)*	2
Krankengeld	810 - 1.620 €	0,2
Ausbildungsgeld	810 € *(davon 50% Darlehen)*	0,3
Grundsicherung (partielles Grundeinkommen, „Bafög für alle")	810 € *(davon 50% Darlehen)*	1
Beitrag GEV insgesamt *(auf Einkommen lt. ESt, ohne Bemessungsgrenze/„Sozial-steuer")*		**17,5**

Quelle: Opielka 2008, S. 258 – Rechnerischer Grundbetrag im Jahr 2004: 640 € = ALG II, 2018: ca. 810 €

Abbildung 21: Modell Grundeinkommensversicherung (GEV) – Leistungen und Beiträge

Die Hamburger Marktforschungsfirma Splendid Research hat Ende 2017 eine repräsentative Befragung der Bundesbürger zum Grundeinkommen durchgeführt. Sie entspricht zwar nicht den methodischen Anforderungen moderner Sozialforschung, aber gibt doch einen Hinweise darauf, wie die Leute denken (Abbildung 22). Wie in zahlreichen anderen Bevölkerungsbefragungen sprach sich eine klare Mehrheit der Befragten (58%) für ein Grundeinkommen aus.

Quelle: www.splendid-research.com

Abbildung 22: Einstellung der Bevölkerung zum Grundeinkommen

Den in den letzten Jahren allenthalben verwendeten Begriff des „bedingungslosen" Grundeinkommens verwende ich selbst möglichst nicht und zwar nicht, weil ich den Grundeinkommensanspruch doch an Leistungen auf dem Arbeitsmarkt knüpfen will, sondern weil es in nationalstaatlich oder selbst einmal auf EU-Ebene verfassten Wohlfahrtsstaaten immer zumindest eine Bedingung für den Grundeinkommensanspruch geben muss: die Zugehörigkeit zur jeweiligen Gesellschaft als Bürgerin und Bürger oder zumindest die anspruchsrechtliche Gleichstellung. Kein Wohlfahrtsstaat kann die ganze Welt finanzieren.

Stellen wir uns nun vor: Seit dem Jahr 2021 ist ein Grundeinkommen eingeführt!

Der Einführung einer Grundeinkommensversicherung durch eine Reform des SGB IV im Jahr 2021 galt als größte Leistung der Berliner Regierungskoalition aus CDU/CSU, FDP und Grünen.

Der jährliche Evaluationsbericht zur Grundeinkommensversicherung belegt auch im 25sten Jahr ihres Bestehens ihren Erfolg. Deutschland gilt als das solidarische Musterland nicht nur in Europa. Die Arbeitsmarktbeteiligung aller Geschlechter, aller Generationen, aller Herkünfte und aller Befähigungen liegt deutlich über den Werten vergleichbarer Wohlfahrtsstaaten.

Die Zufriedenheit ist hoch, wie der seit Jahren steigende „Glücksindex Deutschland" belegt. Das deutsche Sozialsystem ist endlich zukunftssicher!

3.2.3 Innovationsbeitrag von Prof. Dr. Thomas Klie (Ev. Hochschule Freiburg) für den Zukunftstalk „Pflege und Pflegeerbringung"

Schon in der mir gegebenen Unterschrift „Pflegeerbringung" scheint eine der Wirklichkeit der Pflege und Sorge in Deutschland nicht angemessene Dienstleistungssemantik durch. Die Familien und Privathaushalte sind immer noch die größte Pflegestelle der Nation, ungebrochen ist die Dominanz häuslicher Pflegearrangements. Allein die Zahlen der Pflegestatistik, die noch einmal mit regionaler Differenzierung zu lesen sind, unterstreichen: Es fehlt weitgehend an der Passfähigkeit der Angebote formeller Dienste, das heißt der Pflegedienste und Sozialstationen mit den (insbesondere zeitlichen) Bedarfen in der häuslichen Pflege. In dem Zusammenhang ist die Verbreitung (300.000 bis 600.000) und Duldung (die Politik sieht weg) von faktischen Ausbeutungsverhältnissen in der Pflege durch den Einsatz von osteuropäischen Haushaltshilfen und Pflegekräften zu thematisieren. Auch die An- und Zugehörigen, die Pflegeaufgaben übernehmen, finden sich, wie es Haubner[85] formuliert, nicht selten in ausbeutungsähnlichen Verhältnissen: Sie übernehmen in einem Umfang aus ökonomischen

---

[85] Haubner 2017

Zwangskontexten heraus Pflegeaufgaben, die sie freiwillig so nicht leisten wollen. Warum?

Legal lässt sich eine zeitumfängliche Pflege im Privathaushalt auch bei sehr gutem Haushaltseinkommen nicht finanzieren. Der Hintergrund: Zum einen Konstruktionsfehler in der Pflegeversicherung, die ökonomische Fehlsteuerung durch die Dominanz betriebswirtschaftlicher Leistungserbringungslogiken statt gemeinwirtschaftlicher Orientierung. Und um noch einmal auf die „Pflegeerbringung" zurückzukommen. Die Kundensemantik, die sich in der Langzeitpflege in Deutschland angesichts der Marktorientierung des Sektors und der „Branche" durchgesetzt hat, stellt sich als anthropologische Verkennung der Sorge- und Pflegesituationen für die Menschen dar. Nichts gegen freundliche Pflegekräfte, nichts gegen eine Orientierung an den Wünschen und Präferenzen. Das sollte selbstverständlich sein. In der existentiellen Verwiesenheit auf fremde Hilfe zählt Pflegekunst, zählt Vertrauen und Trost. Besonders bedauerlich ist, dass sich auch und gerade die kirchlichen Wohlfahrtsverbände der Marktlogik angeschlossen haben.

1 Einschl. teilstationärer Pflegeheime.

Quelle: Statistisches Bundesamt, Pflegestatistik 2015

Abbildung 23: Pflegebedürftige 2015 nach Versorgungsart

Schaut man in die Zukunft, wagt man eine optimistische Prognose, wäre zu hoffen, zu fordern und durchzusetzen, dass Pflegedienste über Budgets finanziert und für die Initiierung, Stärkung und Stabilisierung von hybriden Pflegearrangements belohnt werden. Auch die Sockelspitzefinanzierung der Pflegeversicherung gilt es in ein neues Verhältnis zu setzen: Die unkalkulierbaren Risiken in der Höhe und in der Dauer der Pflege, sie dürfen nicht weiter „privatisiert" werden.

Be- und verhinderte Kooperationen

Pflege- und Sorgearrangements gelingen dann, wenn die beteiligten Akteure gut miteinander kooperieren. Das gilt für die professionellen Dienste des Gesundheits- und Pflegewesens, das gilt für die An- und Zugehörigen und die Freiwilligen. Das gilt auch für die sonstigen beruflichen Helfer: von Reinigungskräften bis zur persönlichen Assistenz. Auf allen Ebenen wird leider die Kooperation nicht in der Weise gefördert, wie dies aus einer Case Management Perspektive erforderlich wäre. Das Recht der Pflegeversicherung vernachlässigt die Steuerung und die Fallverantwortung: Die Leistungen werden häufig unabgestimmt und nebeneinander erbracht. Das führt zu Bedarfsverfehlungen. Im Leistungserbringungsrecht finden wir Hürden durch Kooperationsverbote zwischen Pflegediensten und anderen Anbietern, die für Sorgearrangements von größter Bedeutung sind. Auch die Qualitätsvorgaben und die Qualitätssicherung wirken häufig eher protektionistisch und bürokratisch als kooperationsfördernd. Es ist zu beklagen, dass insbesondere ein Großteil der Pflegekassen ihren Aufgaben nach einem wirksamen Care und Case Management nicht nachkommen. Auch das Leistungsrecht ist zu unflexibel. Hier tragen auch die Leistungserbringerverbände Mitverantwortung, so sie nicht für eine Flexibilisierung auf der Versorgungsvertragsebene Sorge tragen.

Ein optimistischer Blick in die Zukunft würde etablierte Care und Case Management Strukturen kennen, die Gemeindeschwester in moderner Gestalt begrüßen (Gemeindeschwester plus) und die Kommunen in einer kommunalpolitisch unterstützten Regiefunktion für die Infrastrukturentwicklung und Pflegekultur vor Ort sehen.

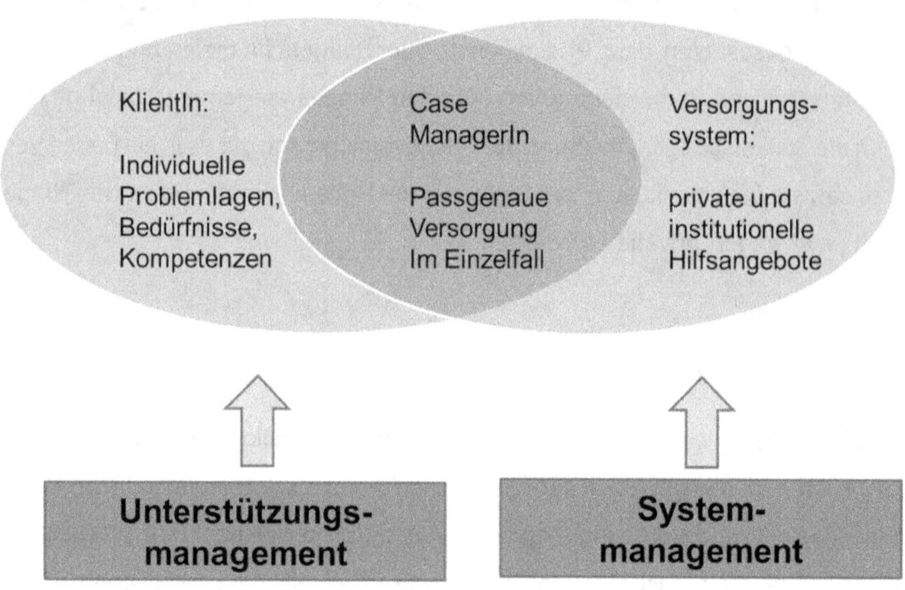

Abbildung 24: Unterstützungsmanagement und Systemmanagement in der Altenhilfe

Präferenz der Pflegeorte

Es ist richtig, die meisten Bürgerinnen und Bürger wünschen sich, dass sie bis zuletzt an einem Ort leben, der für sie bedeutsam ist, am liebsten in ihrem eigenen Zuhause. Der Satz von Klaus Dörner stimmt immer noch: *Leben und Sterben wo ich hin gehöre*. Nur darf aus diesem Wunsch nicht der Schluss gezogen werden, dass die private Häuslichkeit immer der beste Ort für auf Pflege angewiesene Menschen ist. Die private Häuslichkeit als schöne heile Welt ist empirisch betrachtet „postfaktisch". Man hat es vielfach mit unzureichenden Pflegesituationen, mit Gewalt in der häuslichen Pflege, mit der Überforderung von pflegenden Angehörigen zu tun. Das zeigt sich auch in einer jüngst durchgeführten Bevölkerungsumfrage, in denen die Bürgerinnen und Bürger danach gefragt, wo sie unter den Bedingungen von Demenz am besten leben würden, nur noch mit 26% den eigenen Haushalt angaben.[86] Auch die Institutionen der Langzeitpflege stehen immer noch in der Gefahr von Paternalismus und Asymmetrie – als latent totalitäre Organisationen. Gefragt sind in der Zukunft belastbare Netzwerke der lokalen Sorge, in denen Profis sich in den Dienst stabiler Pflegearrangements stellen, in denen neben An- und Zugehörigen auch andere beruflich Tätige und Freiwillige beteiligt sind. Aber es ist nicht nur eine Frage der Infrastruktur und der Koordination, dass es moderne Pflegearrangements schwer haben. Es fehlt auch an der Plastizität älterer Menschen bei der Anpassung ihrer Lebensformen an die unter dem Vorzeichen der Pflegebedürftigkeit zu akzeptierende Vulnerabilität. Regelmäßig in die Tagespflege zu gehen, fremde Hilfe im eigenen Haushalt zu akzeptieren, die Vorstellung, in eine Wohngruppe zu ziehen, für viele ist dies kaum vorstellbar. Hier haben wir zu lernen, unsere Vorstellungen von gutem Leben unter Bedingung von Pflegebedürftigkeit zu öffnen.

Mit Blick in die Zukunft wünscht man sich, dass wir uns in unserer Plastizität hinsichtlich der Sorge- und Versorgungsoptionen öffnen und dies ein zentrales Thema in dem lebensbegleitenden Lernen wird. Und eine veränderte und offene Sorgekultur ist gefragt: Es gilt an den Orten an denen wir leben, nicht als anständig, Pflegende allein zu lassen, als Familie, als Freunde, als Nachbarn, als Kirchengemeinde.

Perspektive: Hilfemix und Hybrid

Im letzten Jahr ist das Reformationsjubiläumsjahr zu Ende gegangen. Wenig wurde daran erinnert, dass ohne die Reformation das das deutsche Sozialrecht prägende Subsidiaritätsprinzip kaum denkbar wäre. Mit dem Konzil von Emden 1571 wurde die Selbständigkeit der kleinen Einheiten in Kirche und Staat betont. Der Calvinismus hat die erste subsidiäre Gesellschaftsordnung entwickelt und praktiziert. Subsidiarität aus moderner Sicht setzt voraus, dass eine übergreifende Gesamtaufgabe auf eine Vielfalt

---

[86] DAK-Pflegereport 2017

von Akteuren und Trägern verteilt ist, die sich ergänzen um zur Erfüllung der Gesamtaufgabe das ihnen gemäße beizutragen.[87] Ein solches modernes Subsidiaritätsverständnis, das sich auch der Siebte Altenbericht der Bundesregierung zu Eigen gemacht hat, es kann leitend sein für eine Weiterentwicklung der Langzeitpflege. Das Zusammenwirken von Staat, Markt, Familien sowie Nachbarschaften und dem Sektor der Freiwilligen: Hierin liegt eine der zentralen und wichtigsten Perspektiven für die Zukunft. Die Bereitschaft für An- und Zugehörige auch in Sorgekontexten einzutreten, ist in der deutschen Bevölkerung weit verbreitet. Dieses Eintreten unter fairen und verträglichen Bedingungen möglich zu machen, Fachlichkeit zu sichern und Fachaufgaben nicht an Ehrenamtliche zu übertragen, die Potenziale des örtlichen Arbeitsmarktes für Assistenzaufgaben zu nutzen: Hierin liegt eine ganz wichtige und Zuversicht stiftende Perspektive angesichts des Fachkräftemangels, überforderten Familien und unter der Bevölkerung weithin unerwünschten Heimunterbringungen. Entsprechend ist ein Hybridmanagement gefragt und zu finanzieren: Wie bei der modernen Automobilität sind die verschiedenen Ressourcen für die Pflege miteinander zu verbinden: Hier die aus Solidarität gewonnenen, in Familie und Freundschaft, dort die angemessen finanzierten aus dem professionellen Sektor. Auch Technik und Freiwillige können ihre Rolle finden: Aber nicht in einer Logik der Komplettierung oder in kompensatorischer Funktion in einem betriebswirtschaftlich dominierten Pflegemarkt. Nicht das Ehrenamt Add-on ist gefragt sondern in einem subsidiären Sinne die Bereitschaft der Bevölkerung sich in verschiedenen Rollen mitverantwortlich zu zeigen, wenn es um die Begleitung vulnerabler Personengruppen geht – von geflüchteten Menschen bis zu Menschen mit Demenz, für die, die in unsere Gesellschaft flüchten (Flüchtlinge) bis zu denen, die aus unserer Gesellschaft flüchten (der Mensch mit Demenz).[88]

Für die Zukunft wäre zu wünschen, dass die Diakonie sich als Trendsetter, als Hebamme und Manager von hybriden Sorgearrangements profiliert und bewährt und die Intelligenz der Controller durch die Intelligenz der Netzwerker ersetzt oder zumindest komplettiert würde.

---

[87] Klie/Kruse/Heinze 2015

[88] Gronemeyer 2017

Geteilte Verantwortung

Das von uns in Freiburg für die Langzeitpflege entwickelte Leitbild der geteilten Verantwortung[89] kennt keine alleinige Delegation von Sorgeaufgaben an Familien, an Professionellen, an Institutionen. Es wird gerungen um eine faire Verteilung von Sorgeaufgaben, von der heute noch keineswegs die Rede sein kann. Die kokreative und koproduktive Gestaltung von Sorgearrangements: Darum muss es gehen. Auch Menschen mit Demenz verlangen unsere ganze Kreativität. So wichtig fachpflegerische Standards sind, gelingendes Leben unter Bedingungen der Vulnerabilität hängt von anderen Faktoren ab. Wesentlich kommt es, um mit Harmut Rosa zu sagen, auf die Resonanz[90] an, die vulnerable Menschen finden und geben können. Auch wenn das Leitbild der geteilten Verantwortung, die Vorstellung der Resonanz durchaus geistesgeschichtlich Wurzeln in der Romantik kennen: Romantisch verklärt darf man die Situation in der Langzeitpflege nicht betrachten. Es ist Steuerung und Management gefragt – modern gesprochen: Governance – wenn es darum geht, die Voraussetzung für ein subsidiär angelegtes und insofern atmendes Gesamtsystem zu schaffen. Hierfür tragen die sozialstaatlichen Akteure Verantwortung. Subsidiarität kennt die Vorleistungspflicht des Staates und seiner sozialstaatlichen Akteure.

Gleichwohl ist zu wünschen, dass wir in der Zukunft über Zuversicht schenkende Leitbilder verfügen, zu denen das der geteilten Verantwortung oder die Caring Community[91] gehören können. Es möge an die Stelle des Kundenparadigmas, das heute die Betriebswirtschaftlichkeit der Langzeitpflege zum Ausdruck bringt, getreten sein.

---

[89] Klie/Schuhmacher 2009

[90] Rosa 2018

[91] Klie 2014

3.2.4 Innovationsbeitrag von Prof. Dr.-Ing. Andreas Schrader (Univ. Lübeck) für den Zukunftstalk „Technologie (& Wohnen)"

Wir schreiben das Jahr 2045.

Ich bin inzwischen 81 Jahre alt und fit wie ein Turnschuh. Naja, ein recht ausgelatschter Turnschuh.

Nach meiner Pensionierung habe ich alle Ersparnisse zusammengekratzt und mir einen Lebenstraum erfüllt: ich wohne auf einer Hallig. Kein Studierender kann jemals wieder eine Minute vor Mitternacht seine Masterarbeit zu Hause bei mir abgeben .... einfach nur Ruhe, Blick in die Ferne über das Meer und mit einer schönen Tasse Tee an meinem Buch schreiben, zu dem ich in der Hektik des Arbeitslebens nicht gekommen bin. Ein Traum!

So ähnlich hatte ich mir das jedenfalls gedacht. Dummerweise ist aber gerade Ebbe, kein Meer in Sicht und die blöden Teebeutel sind mir auch ausgegangen. Stattdessen blinkt in meiner ultracoolen Smarten Sonnenbrille (hab' ich von meiner Frau zum 80. bekommen – dabei scheint hier kaum die Sonne) eine Nachricht: Über RunzelFalten-Book, ein Facebook für Alte, in dem sogar ich mitmachen kann, weil die Entertaste nicht zum Abschicken einer Nachricht, sondern – wie es sich gehört – zum Zeilenumbruch genutzt wird, kommt eine Nachricht rein. Ein Student von der virtuellen Hochschule in Bad Segeberg fragt an, ob ich schnell noch ein paar Korrekturen in seiner Hausarbeit vornehmen kann.

Nachdem es den Pensionären in S-H ab 2038 ähnlich wie den Griechen ging und die Lebensarbeitszeit von der neunten GroKo auf 75 erhöht wurde, muss ich leider ein wenig dazu verdienen. Insbesondere, weil ich nicht richtig eingeschätzt hatte, dass die Immobilienpreise auf Halligen in etwa dem Niveau der Münchner Innenstadt entsprechen.

These 1: Vereinsamung im Alter können wir leider vergessen: über soziale Netze für die Silver Surfer erreicht uns die Flut der Nachrichten und Einladung wie früher.

Mist! So wird das Buch nie fertig!

Mein Küchenschrank schimpft mit mir wegen der Teebeutel. Er hätte die gerne selber automatisch nachbestellt, aber ich bin altmodisch und hab' ihm das verboten. In diesem Haus bestimme ich immer noch selbst, was eingekauft wird! Basta! Der Schrank ist beleidigt. Dem Putzroboter dürfe er selber Befehle erteilen und dem SmartMix darf er auch eine Inventarliste schicken, damit der mir tolle Rezepte vorschlagen kann. Nur einkaufen darf er nicht selbst! Ich würde ihm nicht vertrauen. Er fühlt sich nicht ernst genommen und teilt mir das auch lautstark mit: Dann trink doch Kaffee, Du Eumel! Mir wäre das nicht passiert, da siehste, was dabei rauskommt, wenn Menschen mitentscheiden wollen ... mann mann mann ...

These 2: Emotionale Maschinen gehören zum Alltag. Sie können unsere Gefühle erkennen und deuten und entwickeln selbst Grundmuster an Emotionen, um eine bessere Mensch-Technik-Kommunikation zu ermöglichen.

Wenn ich meinem Schrank so zuhöre, kann ich immer weniger verstehen, warum mein Nachbar eine Liebesbeziehung zu seiner Robo-Gärtnerin eingegangen ist. Zugegeben, gut aussehen tut sie, aber ich bin da wohl zu altmodisch.

Mann, der Schrank nervt! Mein Robo-Pflegebutler sieht das auch so. Er hat sich im Haushalt mal umgehört, und eigentlich kann niemand den Schrank leiden. Mein Butler ist da sehr verständnisvoll. Seitdem seine künstliche Intelligenz anerkannt wurde, hat er einen eigenen Personalausweis und darf sogar bei lokalen Wahlen teilnehmen – dass es auf der Hallig nicht viel zu wählen gibt, haben wir ihm erst nachher erzählt, aber egal ... – Er ist sogar in die Robo-Gewerkschaft eingetreten und hat freie Stunden am Wochenende erkämpft, um seine Kreativität beim Sandburgen bauen zu entwickeln. Dass die Hallig gar keinen Strand hat, hat er auch erst später gemerkt.

These 3: Künstliche Intelligenz hat ein Niveau erreicht, die FAST der menschlichen entspricht.

Es ist immer noch schwierig, menschliche und maschinelle IQ zu vergleichen. Aber die Maschinen behaupten doch allen Ernstes, sie wären inzwischen schlauer als wir ... pah ... Schlaumeier! Aber was soll's ... immerhin ist er für die Erwirtschaftung des Bruttosozialprodukts zuständig.

These 4: Roboter erwirtschaften das bedingungslose Grundeinkommen. Altersarmut ist abgeschafft.

Apopos Schlaumeier: Meine NanoPillen melden sich zu Wort. NanoPillen habe ich seit zwei Jahren. Echte Wunderdinger, die kleinen Medizin-Roboter. Vor fünf Jahren hatte ich noch die Vorgängerversion MikroPill, die man schlucken musste und die dann in Magen und Darm durch den Körper gewandert sind. Seitdem brauche ich keine Koloskopie mehr. Wer meinen Gastroenterologen kennt, weiß, wie befreiend das war. Der hatte ja kaum noch Übung in den letzten Jahren, weil alle diese Pillen schlucken.

Aber nach ein paar Tagen waren die Pillen durch den Körper durch und ich musste immer wieder neue schlucken. Die neuen NanoPillen werden in die Blutbahn injiziert und überwachen den ganzen Körper. Energie erhalten Sie durch Ausnutzung von Blutdruck und Wärme. Sie bekämpfen gleich Viren und Bakterien und seitdem war ich nie wieder erkältet. Könnte natürlich auch an der Nordsee-Luft liegen, wer weiß das schon...

These 5: Nano-Technologie ist so fortgeschritten, dass eine enge Symbiose zwischen organischen Wesen und nicht-organischer Technik möglich wird. Wir sind alle Kybernetische Organismen geworden – Cyborgs!

Jetzt haben die Pillen wohl was gefunden und sprechen mit mir. Da ich auf Nano-Ebene nicht mehr so gut hören kann, verbinden Sie sich natürlich per Funk mit meinem Cochlea-Implantat, dass Nanoisch auf Platt übersetzt. Triglycerin-Werte sind bannig niedrig. OhOh.!! Sie hätten mit dem Kühlschrank gesprochen und das dritte Glas Wein gestern Abend wäre vielleicht nicht nötig gewesen und schwanger könnte ich ja wohl nicht sein. Herzinfarkt ist es auch nicht, das hätten sie schon mit dem Herzschrittmacher abgeklärt. Also sollte ich heute lieber Tee trinken! Witzbolde, der Tee ist doch alle, hätten sie ja einfach den Schrank fragen können. Deppen!

These 6: Im Körper getragene Sensoren bieten optimale Prophylaxe und es ist üblich geworden, schon VOR dem Auftreten von Symptomen den Arzt zu konsultieren! Dadurch sind Zivilisationskrankheiten stark auf dem Rückmarsch! Die Lebenserwartung liegt inzwischen bei 110 Jahren!

So ganz sicher sind sie sich aber mit der Diagnose nun auch wieder nicht und daher schlägt mein Hirn-Extender – der ist echt klasse, seit dem Implantat kann ich mir endlich Namen und Gesichter merken – sogar mein eigenes und das ist bei meiner beginnenden Demenz extrem hilfreich – vor, doch besser das DoctorNet zu fragen. Ich muss lächeln. Früher hätte man per Telefon einen Arzttermin vereinbart, als Kassenpatient einfach drei Jahre gewartet und dann mit dem Ruderboot die nächste Praxis auf dem Festland angesteuert. Heute gehe ich einfach in mein Gesundheitszimmer. Dies ist quasi ein telemedizinisch perfekt angeschlossener externer Raum des Ärzteverbunds. Ich kann mir gar nicht mehr vorstellen, dass es früher Wohnungen ohne ein solches Zimmer gab! Wir hatten Zimmer zum Essen, Zimmer zum Schlafen, nur nichts für die Gesundheit. Dort ist schon alles vorbereitet. Die Wände und Decken mit OLED-Display-Tapeten schalten um, als ich den Raum betrete. Statt der üblicherweise gezeigten Strand-Szene vom letzten Urlaub wird eine Arztpraxis angezeigt. Ich setze mich auf das Sofa und vor mir materialisiert sich eine virtuelle Holo-Ärztin. Das Aussehen ist frei wählbar, ich hätte auch das Gesicht meiner Frau wählen können, aber man will ja ein Vertrauensverhältnis zum Arzt aufbauen …

These 7: Medizinische Konsultation erfolgt über virtuelle Medizin-Agenten im 24/7-Modus. Diese mit KI ausgestatteten Agenten leiten mich an die richten Ansprechpartner weiter. Sektorengrenzen sind ein Artefakt der Vergangenheit.

Die Holo-Ärztin hat selbstverständlich alle meine Vitalwerte bereits vorliegen, mit meiner Toilette die Urin-Analysewerte diskutiert und mit meinen Nanosensoren im Körper ein kurzes Zwiegespräch gehalten. Sie begrüßt mich kurz auf Friesisch, macht sich darüber lustig, dass ich das Friesische nach so vielen Jahren immer noch nicht beherrsche und teilt mir Ihre Einschätzung mit: Mangelernährung. Das wiederum schließt meine smarte Körperwaage vehement und laut lachend aus und beruft sich auf den Kühlschrank, dessen Logbuch ebenfalls eine sehr hohe Kaloriendichte meinerseits bestätigt! Einzig verbleibende Option: ich hätte wohl die Pille genommen.

Das streite ich nun wiederum ab. Manchmal spinnen die Maschinen! Die per Gesetz einprogrammierte Genderneutralität treibt manchmal doch absurde Stilblüten!

Der Avatar schaltet mich zum nächsten Krankenhaus durch, in dem ein menschlicher Arzt gerade Tele-Dienststunden anbietet. Ich lande in München. In der Innenstadt. Ach, deswegen die hohen Immobilienpreise auf der Hallig, denke ich noch …

Der Arzt fragt mich nach meiner medizinischen Vorgeschichte. Anachronistisch, denke ich, wo doch gerade alle meine vernetzten schlauen Maschinen bedenkenlos meine Daten hin und her geschoben haben. Aber das ist eben der Preis des Datenschutzes. Früher musste ich den Arzt um meine Daten anbetteln, heute ist es umgekehrt. Ich lege meine Hand auf einen Kontaktpunkt auf dem Tisch und sofort erfolgt der Zugriff aus München auf meine Daten, allerdings nur auf die für den Fall relevanten Befunde.

These 8: Die Patientenakte wird im eigenen Körper in Form von DNA-Modifikationen gespeichert.

Der Tele-Arzt startet eine BIG Data-Analyse und lässt meine Daten mit 17 Milliarden Vergleichsdaten auf der ganzen Welt korrelieren. Er wird fündig: In Indien gibt es einen ähnlichen Fall: eine Drüsenstörung, die nur auftritt, wenn nach drei Gläsern Wein am nächsten Tag kein Kamillenteebeutel mehr vorhanden ist und ein Streitgespräch mit einem Schrank stattgefunden hat. Er ist erleichtert: diese seltene Krankheit hätte er alleine nie herausfinden können!

These 9: BIG DATA analysiert die gesammelten Daten der Menschheit und erkennt mit DEEP LEARNING-Verfahren automatisch Kausalzusammenhänge.

Der Arzt erwähnt noch kurz, dass für diese seltene Krankheit sofort vom System eine Expertengruppe zum Thema eingeladen wurde. Fördermittel sind bereits bewilligt, der Ethikantrag soeben automatisch generiert und das erste Treffen nächste Woche in Florida angesetzt.

Mist, denke ich, hätte Mediziner werden sollen...

Leider kann eine Heilung nur stationär erfolgen. Vor Schreck bekomme ich einen Ohnmachtsanfall und sinke zu Boden. Kein Problem für meinen smarten Teppich, der sofort den Rettungsdienst ruft.

Der autonome Drohnentransporter startet sofort im nächsten OP-Container am Festland. In 121 Sekunden landet das Gerät. Mein Robo-Butler trägt mich zur Drohne und legt mich hinein. Per Teleschaltung ist das Notfallteam des Krankenhauses in Dagebühl live dabei und kann über Virtual-Reality-Brillen und Force-Feedback-Handschuhe eine Beruhigungsspritze geben und die Überwachungssensoren befestigen. Im Krankenhaus werde ich wach. Davon merke ich allerdings nichts, denn das Ambiente System im Klinikzimmer hat sich an mich adaptiert und gaukelt mir meine gute Stube auf der Hallig vor, inkl. Blick auf die Ebbe-Landschaft. Ich glaube, ich bin auf dem Sofa eingeschlafen und hab' schlecht geträumt. Egal, mach ich mir erstmal einen Tee.

Mist, Teebeutel sind alle...

3.2.5 Innovationsbeitrag von Dr. Astrid Könönen (Ramboll Management Consulting) für den Zukunftstalk „Mobilität"

Wir haben am heutigen Tag zum Thema „Gutes Leben im ländlichen Raum" bereits sehr interessante Reflektionen aus verschiedenen Blickwinkeln gehört. Das letzte Thema auf der Agenda – Mobilität – betont viele der bereits diskutierten Aspekte: Um im Bereich Mobilität gute Angebote für den ländlichen Raum in Schleswig-Holstein gestalten zu können, muss man zunächst die Bedürfnisse der Menschen genau analysieren.

Die verschiedenen Mobilitätsansprüche und Mobilitätsangebote, welche wir in der abgebildeten Grafik (Abbildung 25) dargestellt haben, müssen bei der Planung von Zukunftslösungen mitgedacht werden. Wie man sieht: Die Ansprüche sind vielfältig. Angebote müssen dieser Unterschiedlichkeit gerecht werden. Eine große Herausforderung ist es außerdem, alle Teile des Mobilitätssystems miteinander in Einklang und zu einem Zusammenwirken zu bringen.

Abbildung 25: Mobilitätsbedürfnisse

Doch starten wir mit einigen persönlichen Überlegungen.

Ich habe mich gefragt, was wohl meine individuellen Mobilitätsansprüche im Jahr 2045 sein werden.

Ich selbst werde dann 73 Jahre alt sein. Ich denke, dass ich auch dann noch jederzeit und überall mobil unterwegs sein möchte. Ich wünsche mir für diese Lebensphase passgenaue Mobilitätsangebote, auf die ich immer zugreifen kann. Sie sollen flexibel kombinierbar sein. Und sie müssen – denn ich bin wie die meisten Menschen bequem – gut erreichbar, einfach nutzbar und komfortabel sein. Und ich hoffe natürlich, dann preisgünstige Angebote zu finden. Wahrscheinlich werde ich auch 2045 ein eigenes Auto haben, aber da es mir jetzt schon nicht so bedeutsam ist, werde ich es eher selten nutzen. Bestimmt werde ich, wie bereits heute, sehr gern mit dem öffentlichen Verkehr fahren. Das Smartphone wird mein ständiger Begleiter für berufliche und auch für private Zwecke bleiben. Mit ihm werde ich selbstverständlich alle möglichen digitalen Tools anwenden. Und mir ist die Umweltverträglichkeit der Art, wie ich mich bewege, sehr wichtig.

Nach diesem Gedankenspiel habe ich mir vorgestellt, wie denn aller Voraussicht nach die tatsächlichen Mobilitätsangebote im Jahr 2045 hier in Schleswig-Holstein und anderswo aussehen könnten.

Ganz sicher, und davon ist in der heutigen Konferenz schon oft gesprochen worden, werden wir sehr viel stärker von technologischen Veränderungen profitieren können. Zum einen wird es neue Antriebsformen für Fahrzeuge geben, die deren Einsatz umweltverträglicher machen. Wir werden multifunktionale Mobilitätslösungen vorfinden: fahren und arbeiten, fahren und Dienstleistungen nutzen. Das Prinzip der Sharing Economy – nicht mehr selbst besitzen, sondern teilen oder entsprechend meiner individuellen Bedarfe leihen – wird anerkannt sein und sich durchgesetzt haben. Digital und real vernetzte Verkehrsträger werden die Wege von A über B nach C in einem mehrstufigen Routennetz verbinden.

Quelle: Ramboll Management Consulting, Eigene Abbildung

Abbildung 26: Multifunktionale Mobilitätsangebote

Wie es das „Zukunftsmanifest Altenhilfe Schleswig-Holstein 2030/2045" beschreibt: Auch ich denke, dass wir bis 2045 im Bereich Mobilität „eine kleine Revolution" erleben werden.

Zusätzlich zum technologischen Wandel werden sich die traditionellen räumlichen Strukturen in Schleswig-Holstein weiterhin dynamisch verändern. Heute finden wir Dörfer und städtische Zentren, in denen jeweils die Einrichtungen der Daseinsvorsorge angeboten werden und die durch zahlreiche Verkehrsachsen sowie den öffentlichen Verkehr miteinander verbunden sind. Bis zum Jahr 2045 werden wir wegen der für diverse Landesteile prognostizierten schrumpfenden Bevölkerungszahl und des allgemein höheren Alters der Menschen flexiblere Siedlungs- und Versorgungsstrukturen anbieten müssen. Auch aus ökonomischen Gründen müssen dann die Mobilitätsachsen klug ausdifferenziert werden.

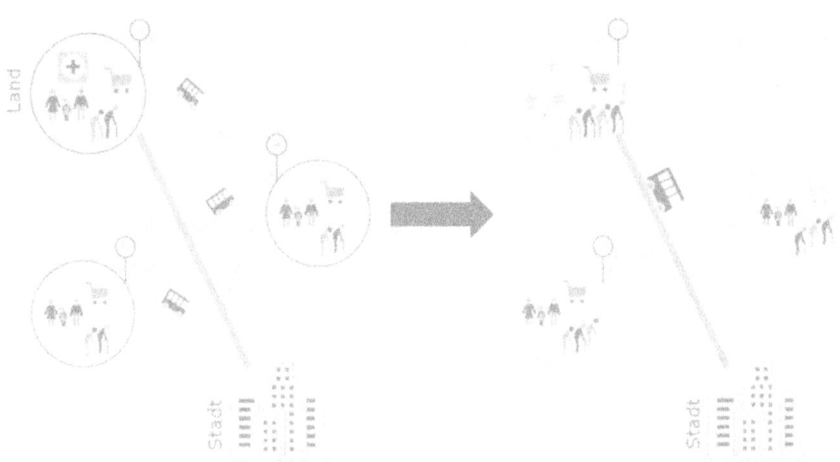

Quelle: Ramboll Management Consulting, Eigene Abbildung

Abbildung 27: Mobilitätsachsen

Wir brauchen zentrale Achsen, auf denen sich die wichtigsten Verkehrsträger in hohem Takt bewegen. Von den Knotenpunkten auf den Achsen aus brauchen wir gestaffelte Liniennetze, auf denen sämtliche Verkehrsträger miteinander interagieren. Nur auf diese Weise wird es möglich sein, alle Landesteile qualitätsvoll mit dem öffentlichen Verkehr zu erschließen.

Wie können wir nun in Zukunft die diversen Mobilitätsansprüche durch bedarfsgerechte, innovative, umweltfreundliche, miteinander vernetzte und integriert funktionierende, wirtschaftliche Mobilitätsangebote bedienen?

Es gilt, das komplexe und dynamische System aus Mensch, Technologie und räumlicher Umwelt funktional auszugestalten. Was wir ganz sicher im Jahr 2045 brauchen, um diese Handlungserfordernisse aufzugreifen, ist eine Verzahnung der Verkehrsträger über alle Ebenen hinweg und in alle regionalen Teile hinein.

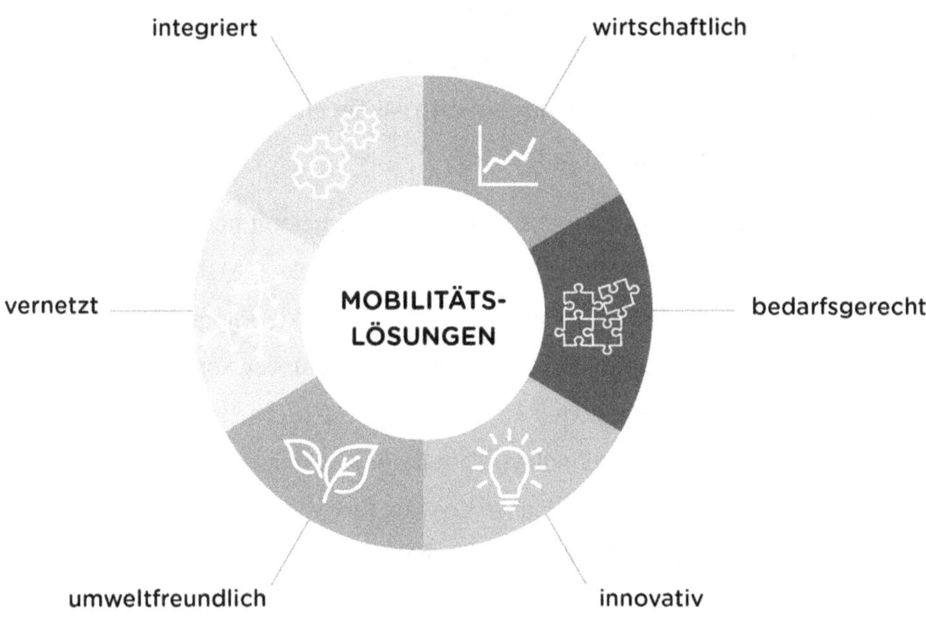

Quelle: Ramboll Management Consulting, Eigene Abbildung

Abbildung 28: Mobilitätslösungen

Insofern ist es aus unserer Sicht richtig, was im „Zukunftsmanifest Altenhilfe Schleswig-Holstein 2030/2045" festgestellt und als zentrale Forderung ausgesprochen wird: Es müssen tatsächlich neue Mobilitäts-Dienstleistungen in einem Mix verknüpft werden. Es ist entscheidend, dass wirklich bedarfsgerechte Lösungen gefunden werden. Bedarfsgerecht heißt gleichzeitig barrierefrei – und dies nicht nur im räumlichen Sinne, sondern auch in Bezug auf den Zugang für alle Gruppen. Gerade für ältere Menschen und mobilitätseingeschränkte Personen sind spezielle, funktionale Angebote zu kreieren. Und das ganze System muss wirtschaftlich sein. Es gibt sehr viele idealistische Lösungen, die in der Praxis allerdings nicht bestehen können. Ein Realitätscheck ist daher wichtig.

Was schlagen wir vor?

Wir haben im Jahr 2016 für das Ministerium für Wirtschaft, Arbeit, Verkehr und Technologie Schleswig-Holstein ein Mobilitätsgutachten erarbeitet, welches sich mit den konkreten Zukunftsherausforderungen beschäftigt. Wir haben bei den Analysen in Schleswig-Holstein und mit Blick auf andere Regionen sehr viele interessante Entwicklungen nachzeichnen können. Im Ergebnis haben wir die Erkenntnisse als Handlungsempfehlungen an das Ministerium formuliert.

Wie wir auch aus den Diskussionen des heutigen Tages gelernt haben: Es gibt schon zahlreiche positive, praktische, moderne Mobilitätsbeispiele – Mehrebenensysteme im ÖPNV mit Mobilitäts-Hubs; Leihsysteme für Räder und Pkw; Pilotstrecken für autonom fahrende Busse; Rufbus-Initiativen. Insbesondere auf der kommunalen Ebene werden kleinteilig und projektbezogen interessante Modellvorhaben umgesetzt. Aus unserer Sicht ist es allerdings vordringlich, diese bereits bestehenden intelligenten Planungen und Projekte in einem strategischen Konzept für das gesamte Land Schleswig-Holstein zusammenzuführen. Die Bündelung von Aktionen und eine Prioritätensetzung bei der Förderung von Aktionen sind vordringliche Handlungsfelder. Es ist wichtig, dabei über mehrere administrative Ebenen hinweg zu denken und zu agieren. Zur Ausgestaltung der Mobilitätsangebote ist die Nutzung digitaler Möglichkeiten essentiell. Allerdings sollte deren Einführung stets unter Berücksichtigung der Werthaltungen der Menschen und mit einer klugen Abwägung des Für und Wider der neuen digitalen Intelligenz erfolgen.

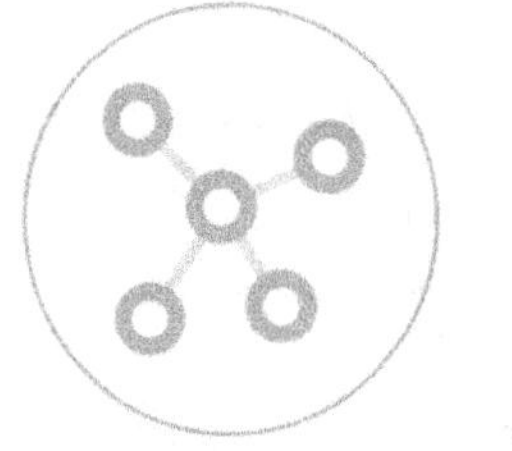
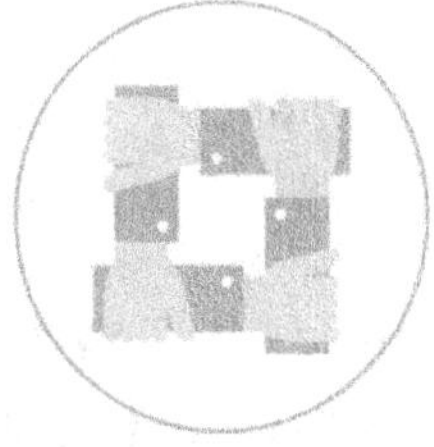

Vernetzung & Kooperation

Quelle: Ramboll Management Consulting, Eigene Abbildung

Abbildung 29: Vernetzung und Kooperation

Unser Plädoyer lautet deswegen: Bereits heute vernetzter denken und kooperativer über administrative und räumliche Grenzen hinweg agieren!

Die vor uns liegenden Aufgabenstellungen sind wahrhaftig komplex. Vor dieser Komplexität könnte man kapitulieren. Aber: Wir glauben an die Veränderungskraft der kleinen Schritte, die – wenn sie strategisch durchdacht sind – eine kontinuierliche Weiterentwicklung hin zu der von den Menschen im Land gewünschten funktionierenden „Mobilität der Zukunft" bewirken werden.

3.3 Ergebnisse der Mentimeter-Befragung

Das Tool „Mentimeter" bietet eine Möglichkeit, in Live-Schaltung Umfragen während einer Präsentation oder einem Vortrag durchzuführen und die Ergebnisse direkt in den Diskussionsfluss zu integrieren. Dadurch erhalten ZuhörerInnen eine Stimme und können sich aktiv beteiligen.[92] Zur Vorbereitung wurde eine Einstiegsfrage generiert, um

---

[92] Nähere Informationen auf www.mentimeter.com

die Onlineabstimmung zu erproben: „Haben Sie sich bereits im ZASH2045-Projekt beteiligt?". Diese Frage beantworteten 65 TeilnehmerInnen der Zukunftskonferenz mit dem Ergebnis, dass die Hälfte schon an dem Projekt beteiligt war (in den Zukunftswerkstätten, der Online-Beteiligung oder in den Kleinprojekten).

Leider spielte zu Beginn der Konferenz das IT-System nicht mit und so war eine Beteiligung durch Mentimeter im ersten Zukunftstalk nicht möglich. Erst für den zweiten Zukunftstalk konnte die Internetverbindung stabil hergestellt werden, so dass die TeilnehmerInnen die Fragen beantworten konnten. Insgesamt wurde Mentimeter allerdings nur von etwa der Hälfte aller TeilnehmerInnen verwendet, obwohl alle Informationen zum Einloggen und Beantworten der Fragen vor der Konferenz übermittelt wurden. Die Ergebnisse der Mentimeter-Befragung sind auf der Projekthomepage detailliert dokumentiert. Das Zukunftsmanifest wurde zum Abschluss ohne Gegenstimmen verabschiedet.

3.4 Ergebnisse aus den Zukunftsinseln

Die vier Zukunftsinseln bestanden jeweils aus mehreren Marktständen mit zukunftsweisenden Projekten und Initiativen und vier Ideenwerkstätten im Anschluss an die vier Zukunftstalks. Das war nicht unkompliziert und forderte ModeratorInnen wie TeilnehmerInnen, in Zusammenhängen zu denken, da nur jeweils einer der Zukunftstalks auf das Thema der jeweiligen Zukunftsinsel bezogen war. Das gelang ziemlich gut, es wurde spürbar, dass die Themen zusammenhängen. Respekt fand auch, dass sich die Diakonie mit einem so breiten Themenspektrum beschäftigt.

Unter den Ergebnissen der 16 Ideenwerkstätten in den vier Zukunftsinseln, die fotografisch dokumentiert wurden,[93] lassen sich folgende innovative Ideen finden:

---

93 Siehe http://zash2045.isoe.org/teilnehmen/zukunftskonferenz/

3.4.1 Zukunftsinsel 1 (Sozialsysteme)

Das Ziel des Zukunftsmanifestes: „Grundsicherheit durch Begegnung und Grundeinkommen" wurde gerade in dieser Kombination durchweg unterstützt. Gefordert wurde eine Diskussion von Modellen des Grundeinkommens auf lokaler/kommunaler Ebene und zugleich über die Bedeutung und Umdenken des Ehrenamts (Koordination, Kooperation). Betont wurden die Gefahren im gegenwärtigen Sozialversicherungs-System: der eingeschränkte Arbeitsmarktzugang und das zunehmend unzureichende Lohnniveau. **Es braucht Information, Beratung und Kompetenz; man muss Rechte einfordern können.** Pfad 1 des Zukunftsmanifestes wurde als „schlau formuliert" gelobt, denn noch ist vielen die Realisierung eines Grundeinkommens unklar. Zudem gaben einige TeilnehmerInnen im Zukunftstalk an, „kein Freund des Grundeinkommens" zu sein, viel wichtiger sei die praktische Lebensgestaltung vor Ort. Dieselben TeilnehmerInnen gestanden aber auch zu, dass für viele Menschen die Zukunft der Sozialsysteme nicht als sicher erscheint und damit **die Frage „Kann ich mir das leisten?" große Bedeutung** hat.

Wichtig erscheint, durch Tun in Praxis kommen, einen Austausch der Projekte herbeizuführen und zu vervielfältigen, damit einen Kommunikationsraum schaffen. Die Frage zum Grundeinkommen ist abstrakter, sie bekommt man nicht so schnell operationalisiert. Sie ist aber auch eine elementare Frage. Es wurde aus Sicht von diakonischen VertreterInnen dafür plädiert, das Grundeinkommen erst einmal in seiner Ambivalenz zu belassen, es nicht nur lokal aktiv zu verfolgen, sondern auch das Gespräch in diesem Kontext aufrecht zu erhalten. Es ist ein existentielles Thema, das Hintergrundthema ist einerseits Armut und Gerechtigkeit, andererseits die Unsicherheit eines digitalen und globalen Arbeitsmarktes.

3.4.2 Zukunftsinsel 2 (Pflege und Pflegeerbringung)

In dieser Zukunftsinsel wurden zwei große Themen kombiniert. Einerseits die Entsäulung der Altenhilfe als politischer und organisatorischer Schlüssel für eine gute Zukunft. **Betont wurde, dass die Entwicklung von betriebswirtschaftlichen Parametern der Pflege als Hauptkriterium hin zu einer stärkeren Wahrnehmung von weichen Kriterien eine zentrale Aufgabe für verbandliche Arbeit sein sollte.** Andererseits ging es um die Rolle des Ehrenamtes in der Pflege, das eine klare Definition seiner Aufgaben benötige. Während die Entsäulung eine Stärkung der kommunalen Altenhilfeplanung erfordert, sollte auch geprüft werden, ob die Pflege nicht wie in Dänemark stärker in kommunale Verantwortung genommen werden sollte. Ein Schritt dahin wäre, neue und alte Ideen (z.B. Gemeindeschwester) ernsthaft zu prüfen. Die **Transparenz der Pflegeversorgung** müsse gestärkt werden, ebenso **die Attraktivität des Pflegeberufs.** Betont wurde auch, dass bei einem Grundeinkommen Ehrenamt und Pflegeberuf mehr aufeinander zu gehen. Schließlich wurden eine bessere Steuerung im **Care-Mix** und mehr **Case-Management** für die Kooperation von Fachkräften, Ehrenamtlichen und Familien gefordert.

3.4.3 Zukunftsinsel 3 (Technologie)

In dieser Zukunftsinsel wurde das Zukunftsmanifest mit seinen Gedanken explizit aufgegriffen: **„Technologie soll dienen nicht führen!"** Klar war den TeilnehmerInnen: „Die Frage, ob wir Technik wollen oder nicht hat sich überholt!" Die großen Herausforderungen bilden Teilhabe und Selbstbestimmung. Für den Transfer neuer Technologien sind Beratung und **Verbraucherschutz** unerlässlich, damit Kontrolle und Entscheidungskompetenz bei den BürgerInnen liegen. Freie Entscheidung muss sein. Die Bedenken von Datenmissbrauch und Dominanz wirtschaftlicher Interessen müssen ernst genommen werden. In der Spannung zwischen Separation und Isolierung einerseits und der Förderung von sozialen Kontakten durch neue Technologie andererseits kommt der Wohlfahrtspflege eine wichtige Rolle zu. So sei **die Kooperation von Entwicklern und Nutzern zu fördern,** ebenso seien **neue Wohnformen und –projekte** zu fördern

und bekannt zu machen, vor allem die Entwicklung von bezahlbarem, barrierefreien Wohnraum. Eine weitere Aufgabe der Wohlfahrtspflege wird darin gesehen, Menschen, die kleineren Wohnraum suchen, zusammenzuführen (Studierende, Senioren, Auszubildende) und damit auch Inklusion zu fördern, Sicherheit zu geben.

3.4.4 Zukunftsinsel 4 (Mobilität)

Im Zukunftszentrum müssen **Bedarfe** stehen: Wer braucht was? **Vernetzung** statt Insellösungen (Visionen zulassen!), die Wichtigkeit von Informationssystemen erkennen und umsetzen. Kontrovers diskutiert wurde der kostenlose ÖPNV als Infrastrukturleistung der Kommunen. Einigkeit bestand darin, **interdisziplinäre Lösungen** (Mobilität und Wohnen) auf **partizipativem Weg** zu fördern. Als Projektidee: gesicherter Ort, gesicherter Transport = Sozialstation im Quartier & Café + Rufbus/Dörpsmobil. Ein Problem bleibt die Selbsteinschätzung über eigene Fahrtüchtigkeit im Alter. Das spricht für autonomes Fahren und dafür Mobilität neu zu denken in einem Zeitraum von 30-40 Jahre. Auch die Lieferung von Dienstleistungen, Service-to-people wird als weitere Lösung betrachtet (Medikamente werden gebracht, möglicherweise irgendwann mit Drohnen). Betont wurde das Thema Vernetzung – Ergebnisse werden anderen Regionen zur Verfügung gestellt. Werbung muss in Innovativprojekten integriert werden. Mobilität wird an verschiedenen Stellen in der Verwaltung bearbeitet, sie muss aber vernetzt werden, **ganzheitlich gedacht** werden (Gerechtigkeit, Armut). Im Kreis Segeberg wurde der „Zasterlaster", ein fahrbarer Geldautomat eingeführt.

Mobilität müsse es ermöglichen, die EinwohnerInnen aus den Umgebungen an sozialen Orten zu beteiligen. Die Frage der Pfadabhängigkeit ist zentral, Irrwege wurden besonders auf dem Feld der Mobilität begangen. **Das „Internet der Dinge" in einem „Smart Home" wird Mobilität anders denken lassen.** Technologischer Standard ist nicht nur entscheidend, sondern es muss immer die soziale Position beachtet werden, gehört zusammen in einer ganzheitlichen Perspektive: soziale Kohärenz, Datenschutz, kommunikatives Design, Robotik spielen eine große Rolle.

4 Das Zukunftsmanifest - Ergebnis der Zukunftskonferenz

Überall alt werden können!

Die Leitfrage der Projektes ZASH2045 lautet: „Wie können wir überall alt werden?". Zur Beantwortung dieser Frage sollen Pfade in die Zukunft gesucht, gelegt und auch schon beschritten werden. Dafür ist ein ganzheitlicher Ansatz notwendig, um alle Handelnden und Themenfelder in ein relevantes Netzwerk zu integrieren. Der Blick geht eine Generation nach vorne, auf diejenigen, die im Jahr 2035/45 ihren dritten Lebensabschnitt erreicht haben. Das Projekt konzentriert sich auf den ländlichen Raum und sucht konkret in zwei Laborregionen (Kreis Segeberg, Kreis Nordfriesland) die Antwort: „Wir können überall alt werden!".[94]

Wünschenswertes wahrscheinlich machen! Deswegen ZASH

Eine fundamentale Erkenntnis ergab sich durch die Online-Beteiligung im Sommer 2017 und die zweite Welle der Zukunftswerkstätten im Herbst 2017: *Das wünschenswerte Szenario wird von den Befragten als nicht wahrscheinlich eingeschätzt, aber das wahrscheinlich eingeschätzte Szenario nicht als wünschenswert!* Daher wird die künftige Hauptaufgabe darin bestehen, mit konkreten Handlungsschritten das gewünschte

---

[94] Die in der Projektbeschreibung als Ergebnis vorgesehenen „Erkenntnisse und Thesen zur weiteren Entwicklung" wurden in Abstimmung mit Steuerungsgruppe und Beirat zur Förderung der Partizipation aller Beteiligten in ein „Zukunftsmanifest" weiter entwickelt, das ab Anfang 2018 online zur Diskussion stand und auf der Zukunftskonferenz verabschiedet wurde. Das Zukunftsmanifest sollte konkrete Handlungsschritte für alle vier Gestaltungstrends formulieren und in angemessener Weise allen relevanten Akteuren im Sozialbereich in Schleswig-Holstein zugehen. Überraschend war, dass die Online-Beteiligung an der Diskussion des Zukunftsmanifestes (N = 8) und die explizite Unterstützung (N = 10) online deutlich geringer ausfielen als erwartet, angesichts des erheblichen Programmier- und Vorbereitungsaufwandes ist dies bemerkenswert – eine erhebliche Diskrepanz zur Online-Beteiligung im Sommer 2017 mit einem N = 321.

Szenario 1[2] umzusetzen und es wahrscheinlicher werden zu lassen, sonst wird Szenario 4[3] Wirklichkeit. Wir suchen gemeinsam positive Geschichten und Beispiele für eine lebenswerte Zukunft („positive Narrative") im ländlichen Raum.

Das wünschenswerte Szenario 1[2]

Folgende Aspekte müssen im Vergleich zu Szenario 4[3] aufgegriffen und durch Anstöße und Maßnahmen an unterschiedlichen Stellen im Netzwerk umgesetzt werden:

Szenario 1[2] ‚Autonomie und Prävention in der Altenhilfe'		Szenario 4[3] ‚Altenhilfe geprägt durch Individualisierung und Rückzug des Staates'
Der generationenübergreifende, kollektive Gedanke zählt. Auf dem Land ist es lebenswert.	≠	Die soziale Teilhabe nimmt rapide ab durch Egoismus, Ungleichheit und Bevölkerungsschrumpfung auf dem Land.
Die Altenhilfe wird durch Sozialplanung und staatliche Interventionen zukunftsfest gemacht. Die Bürger steuern den Staat. Ein Grundeinkommen wird eingeführt.	≠	Rückzug des Staates. Der Sozialstaat ist teuer, nur wer lebenslang Eigenvorsorge betreibt ist abgesichert.
Pflege und Pflegeerbringung sind auf einem neuen Generationenvertrag aufgebaut. Der Pflegemix ist ausgeglichen, Ehrenamtliche können sich um persönliche Bedürfnisse kümmern.	≠	Das Wir-Gefühl wird belebt durch das Ehrenamt und Nachbarschaftshilfe ohne institutionelle Hilfe. Der Pflegemix kann nicht überall gewährleistet werden.
Es existiert Grundsicherheit, auch weil präventive und gesundheitsfördernde Maßnahmen im Lebenslauf unterstützen.	≠	Es wird stark auf technische Innovationen in vielen Bereichen (Pflege, Mobilität, Kommunikation, etc.) gesetzt, um Defizite auszugleichen.

Pfad 1: Grundsicherheit durch Begegnung und Grundeinkommen!

In Schleswig-Holstein soll mit der Altenhilfe das Prinzip „miteinander nicht gegeneinander" gelten. Dafür werden neue Formen der Begegnung geschaffen, soziale Orte im Quartier, die das Wir-Gefühl über Generationen hinweg stärken. Das gelingt durch neue Kooperationen zwischen Wohlfahrtsverbänden, Gesellschaft, Politik und Wirtschaft. Das Diakonische Werk Schleswig-Holstein und andere zukunftsgewandte Wohlfahrtsverbände spielen dabei eine aktive, koordinierende Rolle und bauen Brücken, um gemeinschaftliche Angebote für die Schleswig-HolsteinerInnen besonders auf dem Land

zu schaffen. Auf politischer Ebene wird das Konzept eines „Grundeinkommens" vorangetrieben. Die Wohlfahrtspflege ist dabei ein Akteur als Stimme der schutzbedürftigen Gruppen.

Trend: Sozialsysteme

(Ausprägungen aus dem gewünschten Szenario)

Ausprägung: „Der gerechte Sozialstaat"

- Interessenausgleich, keine Gruppe soll dominieren
- Sozialsysteme orientieren sich am Bürgerstatus
- Ein Grundeinkommen von über 50% des Durchschnitteinkommens
- Pflegeabsicherung durch Vollkasko mit geringem Selbstbehalt

Pfad 2: Entsäulung und Koproduktion in der Pflege!

Der Bereich Pflege und Pflegeerbringung ist zentral, aber auch besonders herausfordernd für die zukünftige Entwicklung der Altenhilfe. Das Diakonische Werk Schleswig-Holstein setzt sich für einen ausbalancierten Pflegemix im Koproduktionsdreieck aus Familie, Fachkräften und Freiwilligen ein. Dies bedeutet transparente Entsäulung von Angeboten und Bürokratie, aber auch eine Arbeitsweise nach dem Prinzip „Ehrenamt braucht Hauptamt". Ein Pakt zwischen den Generationen soll Basis dieses Pfades sein. Ziel sind eine verlässliche Betreuung der Pflegebedürftigen, aber auch vorsorgende, präventive Angebote für pflegende Angehörigen und Ehrenamtliche.

Trend: Pflege und Pflegeerbringung

(Ausprägungen aus den gewünschten Szenarien 1 & 2)

Ausprägung: „Keine Pflegearmut durch ein Grundeinkommen für alle"

- Revolution der Absicherung: das Grundeinkommen wurde eingeführt
- Vereinbarkeit von Pflege und Beruf möglich, Pflegemix ist ausgeglichen
- Keine Altersarmut, positiv für Gesundheit und Mentalität – sinkende Nachfrage nach Profis
- Bürokratisierung sinkt und PflegerInnen können sich wieder mehr um Patienten kümmern
- Starkes soziales Netzwerk senkt Kosten

Ausprägung: „Ein neuer Generationenvertrag"

- Präventive, gesundheitsfördernde Maßnahmen im Lebenslauf werden durch die Krankenkassen gefördert
- Alternative, generationenübergreifende Wohnformen werden gefördert
- Junge unterstützen Alte und andersherum
- Familie verliert an Priorität, wichtig ist das soziale Netzwerk
- Die Menschen kennen sich im Bereich Gesundheit und Pflege sehr gut aus, informelle Pflege ist stark.

Pfad 3: Technologie soll dienen, nicht herrschen!

Eine wichtige Erkenntnis aus ZASH2045 ist, dass sich die TeilnehmerInnen die Integration von neuen technologischen Innovationen in ihren Alltag zumeist gut vorstellen können, sie haben aber Angst vor Kontrollverlust. Das braucht Abbau von Ängsten und Hemmungen sowie Integrationsprozesse in das Alltagsleben. Neue Technologien durchdringen alle Lebensbereiche, sie können auch die Häuslichkeit bis ins hohe Alter erleichtern, die Vernetzung mit Familie, Freiwilligen und Fachkräften verbessern. Das Diakonische Werk Schleswig-Holstein ist überzeugt, dass durch sozial orientierte Technologien das Leben im Alter gerade im ländlichen Raum profitieren wird, ohne Förderung und Beratung geht das nicht. Ehrenamt und bürgerschaftliches Engagement spielen bei der Technologieförderung und –akzeptanz eine zentrale Rolle. Neue Technologien können zwar von Staat und Markt gefördert und eingesetzt werden, ohne eine aktive Rolle der Zivilgesellschaft, ohne gemeinschaftliche Kontrolle durch Bürgerinnen und Bürger, die sich selbst und freiwillig organisieren, gefährden sie jedoch den sozialen Zusammenhalt.

Trend: Technologie (& Wohnen)

(Ausprägungen aus den gewünschten Szenarien 1 & 2)

Ausprägung: „Digitaler Senior"

- Hohe technische Akzeptanz und Affinität bei Älteren
- Datensicherheit ist gewährleistet
- Technologien passen sich an die Bedürfnisse an
- Neue Technologien werden ethisch verantwortlich verwendet
- Man kann zwischen ganzheitlichen Systemen und einzelnen Geräten wählen

Pfad 4: Mobilitätssteigerung und das Quartier!

Durch ZASH2045 wird klar, dass Mobilität und deren Entwicklung zu den wesentlichen Pfaden der Altenhilfe im ländlichen Raum zählt. Hier müssen neue Formen von Dienstleistungen im Mobilitätsmix erprobt werden. Die Barrierefreiheit muss Grundlage dieser Überlegungen sein, für die sich das Diakonische Werk Schleswig-Holstein auch im öffentlichen Raum einsetzt. Barrierefreiheit heißt aber auch hier, Ängste und Hemmnisse abzubauen und einen stabilen Kommunikations- und Informationsfluss aufzubauen. Ziel ist durch eine Mobilitätssteigerung das soziale Netzwerk und Teilhabe auf dem Land zu stärken. Mobilität braucht aber einen Ankerpunkt, und das ist das Quartier, die Gemeinde mit ihrer Kirchengemeinde, sie ist das „überall", in dem Altwerden möglich werden soll.

Trend: Mobilität

(Ausprägungen aus den gewünschten Szenarien 1 & 2)

Ausprägung: „Die Revolution der Mobilität"

- Autonom fahrende Pkw sind serientauglich!
- Man braucht kein privates Auto mehr, nur noch Mitgliedschaft bei einem Dienstleistungsanbieter
- Revolution der Infrastruktur: Autos und Verkehrsnetzwerk kommunizieren miteinander
- Das autonome Fahrzeug ist ein sozialer Treffpunkt
- Ehrenamtliche kümmern sich um persönliche Bedürfnisse (wie Anziehen des Exoskelettes), hohe Lebensqualität

Ausprägung: „Barrierefreie Mobilität"

- Technokratische Planung der Infrastruktur
- Schwerpunkt liegt auf barrierefreiem ÖPNV
- Individualverkehr ist primäres Verkehrsmittel
- ÖPNV wird digital vernetzt, man kann mehrere Verkehrsmittel sekundengenau miteinander kombinieren
- Einfach, intuitive Bedienung, Teilhabe und Aktivität steigen

Am Ende: Wie kann ich mich für eine sozial nachhaltige Entwicklung beteiligen?

Das Gute an der nachhaltigen Zukunftsgestaltung ist: Die Fähigkeiten von allen sind gefragt, um wünschenswerte Pfade zu legen und so wahrscheinlich werden zu lassen. Jede und jeder hat eine Position in unserer Gesellschaft, die zum Gesamtbild beiträgt. Deshalb ist auch jede und jeder gefragt und es müssen neue Formen der Beteiligung, Kooperation und Kommunikation gemeinsam erarbeitet werden: sei es in einem Treffpunkt auf dem Dorf, um pflegenden Angehörigen einen Ort des Austauschs zu bieten, oder sich in einem Forum über gesellschaftliche Themen wie das Grundeinkommen auszutauschen. Als Vermittler können alle dazu beitragen, eine wünschenswerte Zukunft Wirklichkeit werden zu lassen!

Die Pfade dieses Manifests sind nicht nur Ziele auf lokaler und regionaler Ebene, sondern sind ebenfalls Teil einer globalen Strategie zu einer nachhaltigen Entwicklung mit

dem Fokus auf Ökologie, Ökonomie und Soziales, ganz nach dem Prinzip: „Denke global, handle lokal!". Jede Entwicklung in einem der Trendbereiche wirkt sich auf andere Bereiche und Nachhaltigkeitsziele aus. Nur wenn wir diese Wechselbeziehungen zwischen den Themenfeldern verstehen, können wir langfristig überall alt werden.

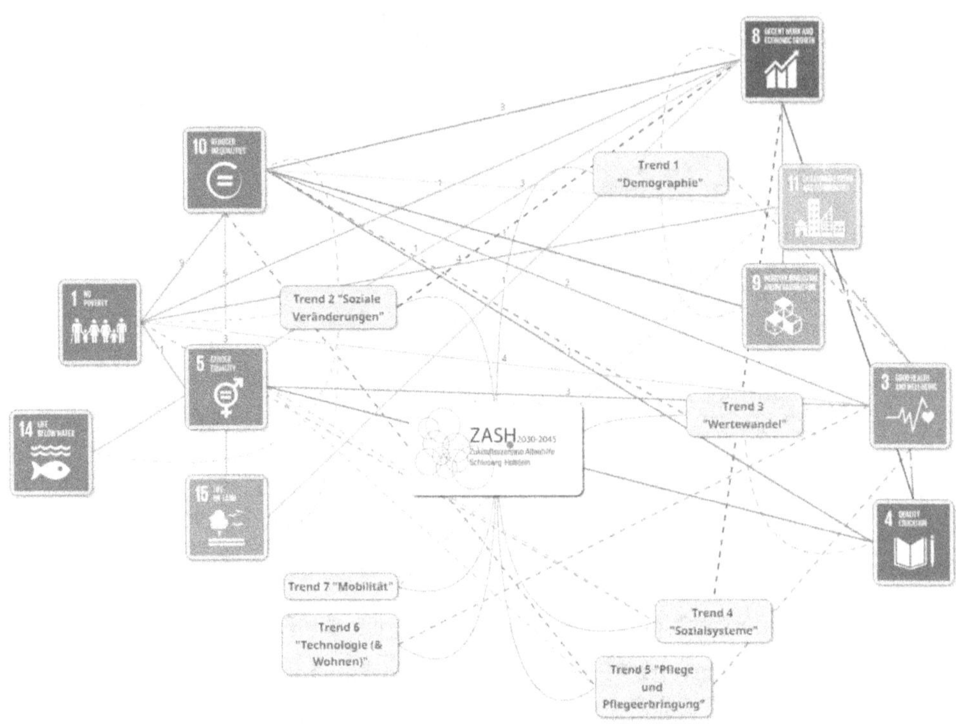

Abbildung 30: Nach Schnittstellengrad gewichtetes Interaktionsnetz relevanter UN-Nachhaltigkeitsziele zum Thema Altenhilfe mit den sieben ZASH-Trends[95]

---

[95] Erstellt unter Nutzung von: https://kumu.io/jeff/sdg-toolkit#sdgs-as-a-network-of-targets

5   Zusammenfassende Auswertung

Die Zukunft der Altenhilfe ist angesichts der demographischen Alterung moderner Gesellschaften wesentlich und strittig zugleich. Wir analysieren abschließend das hier ausführlich beschriebene Projekt der Zukunftsgestaltung der Altenhilfe (in Schleswig-Holstein) unter dem Gesichtspunkt der Organisationsentwicklung und zwar mit dem Fokus auf eine Reihe von Zukunftswerkstätten zur Szenariogenerierung mithilfe des methodischen Ansatzes einer morphologischen Matrix.[96] Dabei setzen wir uns mit der Beobachtung auseinander, dass es einen Unterschied gibt zwischen einer als wünschenswert, aber nicht als wahrscheinlich angesehenen Zukunft. Außerdem beschäftigt uns die Herausforderung, Zukunft zu mentalisieren und erfahrbar zu machen. Wir gehen davon aus, dass die hier gewählte, durchaus aufwändige Methode der Zukunftsforschung und Zukunftsgestaltung auch auf andere komplexe Organisationen anwendbar ist.

Bevor wir „Organisation", „Prozess" und „Inhalt" untersuchen (Abbildung 31), fassen wir das Projekt zusammen. Eine Zukunftskonferenz im Februar 2018 bildete den Höhepunkt und öffentlichen Abschluss des aufwändigen und innovativen Forschungs- und Entwicklungsprojektes „Zukunftsszenario Altenhilfe Schleswig-Holstein 2030/2045". Um die Leistungen der Beteiligten angemessen würdigen zu können, werden die erbrachten Leistungen kurz resümiert.

Die Anlage des Projektes ZASH 2045

Wie können wir überall alt werden? Mit dieser programmatischen Frage nach den künftigen Bedingungen des Alterns, vor allem im ländlichen Raum, initiierte das Diakonische Werk Schleswig-Holstein im Sommer 2016 ein auf eineinhalb Jahre angelegtes Projekt der Zukunftsforschung und Zukunftsgestaltung. Wissenschaftlicher Partner

---

[96] Zu diesem Kapitel erweitert und bearbeitet auch Opielka/Peter/Schäfer 2018.

war das ISÖ – Institut für Sozialökologie in Siegburg (www.isoe.org). Das Projekt sah zwei Laborregionen vor, die Kreise Segeberg und Nordfriesland.

Sieben Trendanalysen auf der Grundlage von über 20 ExpertInnengesprächen und einer umfassenden Literaturanalyse führten zu einer Unterscheidung in drei Strukturtrends, die gesellschaftliche Rahmenbedingungen mit sehr begrenzter politischer und wohlfahrtsverbandlicher Einflussnahme markieren, und vier Gestaltungstrends, auf die sich das Projekt im Fortgang konzentrierte.

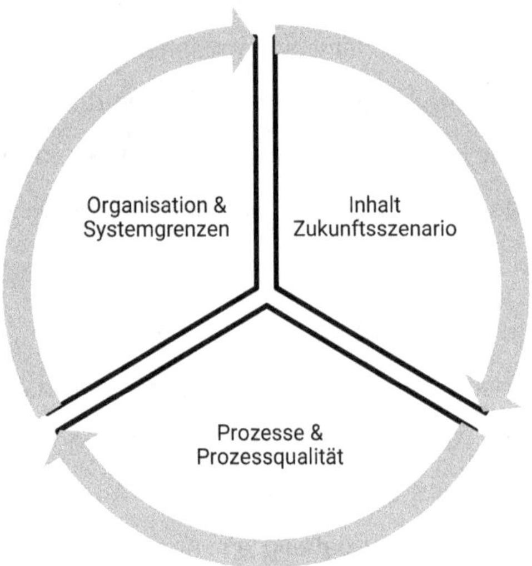

Abbildung 31: Organisationszyklus des Projekts ZASH2045

In der ersten Welle von zwei Zukunftswerkstätten im März 2017 wurden die sieben Trendanalysen mit Hilfe einer morphologischen Matrix über jeweils fünf Ausprägungen in insgesamt 35 Teilszenarien untergliedert, die von den TeilnehmerInnen in mehreren Arbeitsschritten auf je zwei utopische (Szenario 1 und 2) und dystopische (Szenario 3 und 4) Szenarien konzentriert wurden. Diese bildeten die Grundlage einer von Juni bis August 2017 laufenden Online-Befragung. Der Prozess bis dahin wurde im Zwischenbericht detailliert dokumentiert und analysiert.[97]

---

[97] Opielka/Peter 2017a

Die Ergebnisse und die Methodik der Online-Befragung wurden ebenfalls öffentlich zugänglich dokumentiert[98] und bildeten die Grundlage für die zweite Welle der Zukunftswerkstätten im September 2017. Dazu wurden die vier Szenarien auf zwei Szenarien verdichtet, auf ein utopisches (wünschenswertes) Szenario („Autonomie und Prävention in der Altenhilfe") und ein dystopisches (eher befürchtetes) Szenario („Altenhilfe geprägt durch Individualisierung und Rückzug des Staates"). Die überraschende Erkenntnis der Auswertung der Online-Beteiligung war eine Gegenläufigkeit der „wünschenswerten" und „wahrscheinlichen" Szenarien. Die überwiegend als „wünschenswert" bewertete Zukunft galt zugleich mehrheitlich als wenig „wahrscheinlich". Ziel dieser Workshops war daher die Entwicklung von Transfers, von Umsetzungsstrategien vor allem des wünschenswerten Szenarios. Dabei fiel auf, dass auch die mentalen Beharrungskräfte erheblich sind; es erwies sich als außerordentlich schwierig, das „eigentlich" als wünschenswert bezeichnete Szenario konkret zu denken. Ergebnisse und Methodik der beiden Workshop-Wellen sind ebenfalls öffentlich dokumentiert.[99]

In Abstimmung von Steuerungsgruppe und Projektbeirat wurde zur Förderung der Partizipation aller Beteiligten ein „Zukunftsmanifest Altenhilfe Schleswig-Holstein 2030/2045" entwickelt, das ab Anfang 2018 online zur Diskussion stand und auf der Zukunftskonferenz verabschiedet wurde. Das Zukunftsmanifest formuliert konkrete Handlungsschritte für alle vier Gestaltungstrends. Die Zukunftskonferenz war hinsichtlich der Teilnahme-Resonanz (170 Anmeldungen) ein außerordentlicher Erfolg. Online liegt eine umfassende Dokumentation aller Plenarphasen mit Audio- und als Videodateien vor sowie der Powerpointpräsentation, der Mentimeter-Abstimmungen, den Fotos des gesamten Konferenzverlaufs und insbesondere den Ergebnissen der insgesamt 16 Ideenwerkstätten in vier Zukunftsinseln. Deutlich wurde, dass die digitalen Funktionsanforderungen beispielsweise bei IT basierten Partizipationsmethoden (wie hier Mentimeter bzw. Online-Kommentierung des Zukunftsmanifestes) erheblich sind, und die Durchdringungsrate bei den TeilnehmerInnen trotz intensiver Vorabinforma-

---

[98] Opielka/Peter 2017b

[99] Opielka/Peter 2017c

tion niedriger als erwartet lag. Trotz einer aufwändig und attraktiv produzierten Konferenzbroschüre, die auch das Zukunftsmanifest in Printform einschloss, fiel auf, dass die Bezüge auf diesen - in der Vorbereitung als zentral erachteten - Text sowohl in den Plenarphasen wie in den Ideenwerkstätten sehr zurückhaltend waren, auch wenn am Ende die Zustimmung im Mentimeter-Voting einstimmig ausfiel.

Eher im Kontrast zur zurückhaltenden Beteiligung bei digitalen Formen der Partizipation war sowohl bei den Zukunftswerkstätten wie der Zukunftskonferenz der Wunsch nach persönlicher Begegnung, Austausch und Vernetzung markant. Innovative Formen der Zukunftsgestaltung müssen diese Dimension wohl zwingend berücksichtigen. Die persönliche Erfahrung kann dadurch vor dem Hintergrund gesellschaftlicher Entwicklungen zur Antizipation von Zukunft beitragen. Methodisch besonders gelungen war für die Verbindung von Person, Gesellschaft und Zukunft die Imagination des persönlichen Alters im Jahr 2045 durch individualisierte Buttons für alle TeilnehmerInnen mit ihrem eigenen Alter in 2045. Zu dieser persönlichen Mentalisierung von Zukunft trugen auch graphisch sehr ansprechende Wandaufschriften im Aufgang zum Konferenzsaal mit Fragen zur persönlichen Lebenssituation im Jahr 2045 bei. Eine äußerst gelungene Übersetzung von eigener Lebensgeschichte in Zukunft machte der Innovationsredner und IT-Experte Prof. Schrader im Zukunftstalk Technologie mit der Methode des Story-Telling deutlich: er imaginierte sich in das Jahr 2045 und beschrieb, wie durch digitale Mittel Wohnung und Hospital ineinanderfließen. Das Gesamt dieser Erfahrungen macht deutlich, dass Zukunftsgestaltung Orte von direkter Begegnung und Kommunikation erfordert, auch um die Erfahrung von gesellschaftlichem Zusammenhalt zu gewährleisten. Zugleich müssen Zukunftskeime in die gemeinschaftlichen Räume platziert werden, damit sie sich nicht mit der Wiederholung der Gegenwart oder sogar nur rückwärtsgewandten Visionen begnügen.

Parallel zu den hier dargestellten Projektleistungen im engeren Sinn bemühte sich die Steuerungsgruppe um (mediale) Präsenz in den Laborregionen über die Zukunftswerkstätten hinaus; die ursprünglich auf beide Laborregionen verteilte Zukunftskonferenz wurde einvernehmlich in eine Große Zukunftskonferenz zusammengefasst. So wurde das Projekt in den Sozialausschüssen beider Kreistage präsentiert und es wurden in

der zweiten Welle der Zukunftswerkstätten in beiden Laborregionen sogenannte „Kleine Zukunftsprojekte" (z.B. Kümmererkonferenz, Rufbus plus) initiiert, die durch das Projektbüro des Diakonischen Werkes begleitet und betreut wurden.

Weiterhin wurde das Projekt ZASH2045 auf dem Gemeindekongress Schleswig-Holstein im Oktober 2017 mit hoher Beachtung vorgestellt, die Vorträge erschienen in überarbeiteter Form in der Zeitschrift „Die Gemeinde". Intensiv wurde auch eine Redakteurin des NDR betreut, die über das Gesamtprojekt ein sehr gelungenes Feature erstellte.

Sowohl bei drei Wellen der internen Evaluation des ISÖ mit direkt Projektbeteiligten wie bei einer aufwändigen Stakeholder-Analyse, die das ISÖ-Team mit der Steuerungsgruppe und dem Beirat im Anschluss an die zweite Welle der Zukunftwerkstätten durchführte, zeigte sich auf der Wahrnehmungsebene ein sehr hohes Commitment zahlreicher Akteure.

Organisation und Systemgrenzen

Organisationsentwicklung setzt eine Organisation mit Systemgrenzen voraus: was gehört zur Organisation und was nicht? Ein Projekt der Organisationsentwicklung mit dem Ziel höchstmöglicher Partizipation aller relevanten Stakeholder muss diese dingfest machen. Es ist nicht einfach, ein so komplexes System wie die Altenhilfe in einem Bundesland als Organisation zu fassen. Im Projekt wurde versucht, die Komplexität über die Beteiligung von Stakeholdern zu reduzieren. Die Stakeholder von ZASH2045 lassen sich kaskadenförmig beschreiben:

- Im Zentrum: Diakonisches Werk Schleswig-Holstein und ISÖ,
- die Mitglieder des Projektbeirats und ihre Institutionen (die Landräte der Laborregionen, Akademie für ländliche Räume, AktivRegionen usf.),
- die Innovations- und GegenwartsrednerInnen der Zukunftskonferenz (z.B. Geschäftsführer des Gemeindetags),
- die TeilnehmerInnen der Zukunftswerkstätten und der Zukunftskonferenz,
- die TeilnehmerInnen der Online-Beteiligung und

- im weitesten Kreis die interessierten LeserInnen der Projektberichte, der medialen Repräsentanz und die BesucherInnen der Projekthomepage (www.zash2045.de)

Nur über eine eher zufällige, individuelle Beteiligung gehörten andere Wohlfahrtsverbände, die privaten Anbieter, das medizinische System und die Landespolitik zu den im Projekt einbezogenen Stakeholdern. Die Gründe dafür sind unter Organisationsgesichtspunkten bedeutsam. So ist Schleswig-Holstein laut Pflegestatistik 2015 des Statistischen Bundesamtes im deutschen Ländervergleich Spitzenreiter sowohl beim Anteil privater Träger in der stationären Altenhilfe (68,7% gegenüber 62,6% in Deutschlandschnitt) wie beim Anteil der Pflegebedürftigen in vollstationärer Dauerpflege (36,6% gegenüber 26,5%). Private und freigemeinnützige Träger sehen sich als kommunikationsunwillige Konkurrenten; ein Zukunftsszenario gemeinsam zu entwickeln dürfte nur unter externem Druck funktionieren.

Ob es gelingt, Prototypen für das gewünschte Szenario in der Gegenwart zu entwickeln, hängt nicht nur von der Bereitschaft und dem Willen einzelner Individuen ab, sondern auch von den Organisationsformen, in denen Menschen als Funktions- und Rollenträger agieren. Ein Blick in die Geschichte zeigt, dass sich die von Menschen geschaffenen Organisationsformen stetig verändert haben und stets ein Ausdruck vorherrschender Weltsichten und eines damit verbundenen Bewusstseins sind. Frederic Laloux hat sich mit der Frage beschäftigt, „wie sich die Menschheit von den frühesten Formen des menschlichen Bewusstseins zum komplexen Bewusstsein der modernen Zeit"[100] entwickelt hat. Dabei greift er auf die Metaanalysen von Ken Wilber und Jenny Wade zur menschlichen Entwicklung zurück und entwirft ein Stufenmodell der Abfolge von Organisationsmodellen, die jeweils mit einem Durchbruch in der menschlichen Fähigkeit zur Zusammenarbeit verbunden sind. Unterschieden werden fünf Organisationsmodelle: tribale impulsive Organisationen, traditionelle konformistische Organisationen, moderne leistungsorientierte Organisationen, postmoderne pluralistische Or-

---

[100] Laloux 2015, S. 12

ganisationen sowie integrale evolutionäre Organisationen. Selbst innerhalb eines Unternehmens können unterschiedliche Organisationsdesigns existieren.[101] Die Altenhilfe insgesamt scheint noch zwischen den Stufen zwei (traditionell konformistisch) und drei (modern leistungsorientiert) positioniert.

Zu einem ganz ähnlichen Ergebnis wie Laloux mit der Unterscheidung von fünf Entwicklungsstadien von Organisationsmodellen kommen auch Scharmer und Käufer in ihrem Buch „Von der Zukunft her führen". Dort beschreiben sie einen vierstufigen Prozess der institutionellen Transformation vom traditionellen hierarchischen Bewusstsein (1.0) über das Egosystem-Bewusstsein der Märkte und Wettbewerbe (2.0), das Stakeholder-Bewusstsein der Netzwerke und Verhandlungen (3.0) bis hin zum Ökosystem-Bewusstsein, in dessen Zentrum die „awareness-based collective action"[102] steht (4.0) und in dem die Gesellschaft noch nicht angekommen ist. In dieser Perspektive ist die Altenhilfe auf der Stufe des Stakeholder-Bewusstseins angekommen, zumindest in der gemeinnützigen Wohlfahrtspflege.

Angesichts der zunehmenden Versäulung institutioneller Strukturen in den unterschiedlichsten gesellschaftlichen Bereichen wird im Interesse der Zukunftsfähigkeit unserer Gesellschaft verstärkt eine sektorenübergreifende Kommunikation zwischen Politik, Gesellschaft und Zivilgesellschaft benötigt. Genau hieran mangelt es gerade mit Blick auf die Altenhilfe noch. Diese Begrenzung wurde im Projekt zwar mehrfach thematisiert, konnte jedoch angesichts der Laufzeit des Projektes und des Beharrungsvermögens von Organisationsstrukturen nicht überwunden werden. Auf diesen Aspekt sollten künftige derartige Projekte noch ein größeres Augenmerk legen.

Prozesse und Prozessqualität

Der von einem Wohlfahrtsverband initiierte Prozess von ZASH2045 ging mit einem sehr hohen Maß an Öffentlichkeit, Partizipation und Nachvollziehbarkeit einher. Ange-

---

[101] Rotzinger/Stoffel 2017

[102] Scharmer/Käufer 2014, S. 148

sichts der Herausforderungen in einer Welt, die zunehmend durch Schwankungen, Unsicherheit, Komplexität und Ambiguität gekennzeichnet ist, stellt sich auch die Frage der Zukunftsforschung und der Generierung von Zukunftsszenarien neu. Eine Prognosemethode, die lediglich durch eine lineare Extrapolation (Fortschreibung) ihre Ergebnisse gewinnt, praktiziert eine zu sehr rückwärtsgewandte Betrachtungsweise.[103] Deshalb haben wir uns im ZASH-Projekt darum bemüht, neben dem Lernen aus der Vergangenheit auch ein Lernen aus der im Entstehen begriffenen Zukunft zu praktizieren; diese Unterscheidung hat Scharmer in seiner „Theorie U" eingeführt. Wir haben deshalb versucht, methodische Elemente zu integrieren, die darauf abzielen, das Erkennen des „Anwesendwerdens einer essentiellen Möglichkeit, als Ankünftigwerden eines zukünftigen Potenzials"[104] zu ermöglichen. Hierzu dienten zum einen Phantasiereisen der TeilnehmerInnen in die eigene Zukunft und die Auseinandersetzung mit den dabei gemachten Erfahrungen aus einer Perspektive des Futur II: eine Handlung wird bis zu einem bestimmten Zeitpunkt im Jahre 2045 eingetreten sein. An diese erinnerten sich die TeilnehmerInnen der zweiten Welle der Zukunftswerkstätten und der Zukunftskonferenz. Wir arbeiteten also mit einer mentalen Imaginationsmethode. Andererseits wurde versucht, die beteiligten Akteure mit kleinen Zukunftsprojekten anzuregen in partizipationsorientierte, dialogische Co-Kreationsprozesse einzutreten. In ihnen sollten erste exemplarische Erfahrungen mit einem Teilbereich einer als wünschenswert angesehenen Zukunft gemacht werden können, die als Landebahnen für eine zukünftige Welt dienen sollen, in der alle gut alt werden können. Dieser Prozess hat sich als sehr schwierig erwiesen und bedarf weiterer Unterstützungsangebote, wie im Übrigen auch vergleichbare Projekte deutlich machen.[105]

Der gesamte Projektprozess kann als ein Versuch verstanden werden, in dem komplexen System der Altenhilfe – initiiert durch das Diakonische Werk Schleswig-Holstein und das ISÖ – das Gegenwärtigsein von Zukunft zu ermöglichen. Zukunftskeime und Zukunftsprojekte wirken einerseits ermunternd, weil sie konkret, praktisch und damit

---

[103] Gaßner 2017

[104] Scharmer 2009, S. 53

[105] Berlin-Institut 2018

für eher am Rand im Projekt Involvierte verständlich sind. Andererseits aber bleiben das Problem der Ungleichzeitigkeit von Erfahrungsniveaus der Beteiligten, von denen nur wenige am gesamten Prozess beteiligt waren, und die Tatsache, dass ein exemplarisches Zukunftsprojekt eben noch nicht ganzheitlich ist und bisweilen auch als „Kopfgeburt" abgetan wird. Das in Keimen angelegte Potenzial gilt es unserer Auffassung nach durch eine Öffnung des Denkens, Fühlens und Wollens in der Gegenwart zu manifestieren.

Inhalt Zukunftsszenario

Das Projekt zeigte, dass eine positive Vorstellung von Zukunft und Wünschenswertem auf erhebliche Widerstände stößt. Dies hängt auch, aber nicht allein, mit dem Thema Alter und Altenhilfe zusammen. Wie kann man sich beispielsweise das Sterben positiv vorstellen? So starben laut Angaben des Statistischen Bundesamtes im Jahr 2016 419.000 von 911.000 Menschen im Krankenhaus, damit knapp jede/r zweite. Auf Kreisebene betrachtet bewegten sich die Anteile sogar zwischen 33% und 59% bei allen über 64-Jährigen. Laut DAK-Pflegereport sagen insgesamt 60% aller Befragten, dass sie zu Hause sterben möchten. 16% sind unentschlossen. Nur 4% nennen das Krankenhaus, 2% das Pflegeheim. Die Tendenz ist noch deutlicher bei Menschen, die bereits Pflegeerfahrung haben. So sagen pflegende Angehörige zu 76%, dass sie zu Hause sterben möchten.[106] In einer aktuellen Szenario-Studie („Deutschland 2030") von erfahrenen Vertretern der deutschen Zukunftsforschung werden die „Generationenbeziehungen" eher zur Zukunftsbelastung, der Generationenvertrag koste Innovationsfähigkeit, belaste Arbeitsmarkt und soziale Sicherungssysteme, Senioren werden vernachlässigt.[107] Die Verhältnisse sind offensichtlich unbefriedigend. Warum soll man sich dennoch damit zufrieden stellen? Wir mussten im Projekt lernen, dass die positive Utopie zwar geteilt wurde, für wahrscheinlich aber hielten die Befragten die Dystopie einer vereinsamenden und sich zunehmend spaltenden Gesellschaft, in der

---

[106] Klie 2016

[107] Burmeister u.a. 2018, S. 191ff.

der Markt dominiert. Das hat auch psychologische Gründe, wie der Harvard-Forscher Steven Pinker belegt:[108] Das Vertrauen in die Aufklärung, in die Kraft von Vernunft, Wissenschaft, Humanismus und Fortschritt ist sowohl individual- wie sozialpsychologisch kein Selbstläufer, es erfordert Arbeit an sich selbst und an der Gesellschaft. Die Vorstellung, dass die Zukunft besser wird als die Vergangenheit oder die Gegenwart, also eine positive Idee von Fortschritt, ist in den letzten Jahren in die Defensive geraten. Wir fokussieren derzeit bevorzugt auf Risiken und Gefahren, anstelle mit Risiken realistisch umzugehen und uns gegen Panikmache wie Verharmlosung zu immunisieren.[109] Das Projekt ZASH2045 bezog sich ausdrücklich auf ein zukunftsweisendes und optimistisches Verständnis von „Sozialer Nachhaltigkeit", wie es von den UN mit den Nachhaltigkeitszielen (SDGs) vertreten wird.[110]

Der Inhalt der Zukunft oszilliert zwischen Wahrscheinlichem und Wünschenswerten. Er wird entschieden durch komplexen Willen. Das Ziel des Projektes war, möglichst viele, die von der Zukunft der Altenhilfe in Schleswig-Holstein betroffen sind, also möglichst viele Stakeholder über den Inhalt der Zukunft ins Gespräch zu bringen. Auftraggeber des Projektes war mit der Diakonie ein kirchlicher Wohlfahrtsverband, der größte gemeinnützige Trägerverbund in Schleswig-Holstein. Verglichen mit den privaten Anbietern, die die Altenhilfe im Land dominieren, ist jedoch auch die Diakonie nur ein Stakeholder unter vielen. Um ein vollständiges Zukunftsbild der Altenhilfe zu gewinnen, muss letztlich die Politik, der Anwalt der öffentlichen Dinge (*res publicae*), den Diskurs demokratisch organisieren. Die Diakonie wollte, unterstützt durch das ISÖ, pionierhaft diesen überfälligen Prozess anstoßen, ein klares Signal in Richtung einer gemeinwohlorientierten Altenhilfe setzen. Zugleich sollte nicht einfach ein beliebiges, babylonisches Stimmengewirr ertönen, der Gesprächsprozess sollte strukturiert sein und doch so offen wie nur irgend möglich. Das ist gelungen und am Ende möchten wir noch ein wenig Theorie zu diesem Inhalt beitragen, damit Ihnen, den Leserinnen und Lesern dieses Ergebnisberichts verständlich wird, warum es gelang und was uns bewegte.

---

[108] Pinker 2018

[109] Gigerenzer 2013

[110] Opielka 2017

Landespastor Heiko Naß wurde als Vorstand des Diakonischen Werkes nicht müde, in der Steuerungsgruppe immer wieder auf den französischen Philosophen Paul Ricœur hinzuweisen, der ihm viel bedeutet. Er ist in Deutschland im Allgemeinen wenig bekannt, auch wenn er 1985 den Hegel-Preis der Stadt Stuttgart erhielt. Neuerdings wird er bekannter, weil sich der französische Präsident Emmanuel Macron, der zwei Jahre lang sein Assistent war, immer wieder auf ihn bezieht. Ein Prinzip des Denkens von Ricœur könnte im Rückblick für unser Zukunftsprojekt wesentlich gewesen sein, der „dissensuale Konsens" (consensus dissensuel): „Den Konsens durch Dissens zu finden, klingt zunächst nach einem schick formulierten, aber dadurch nicht weniger hoffnungslosen Versuch, auf zwei Hochzeiten gleichzeitig zu tanzen, also Positionen miteinander zu vereinigen, die durch ihren Gegensatz nicht zueinander finden können. Doch für Ricœur ist es gerade die Spannung des Gegensatzes, aus der man eine besonders kraftvolle (politische) Position herstellen kann (...). Macrons berühmte Formulierung ‚en même temps' (gleichzeitig), akzeptiert, ja rühmt geradezu die Gegensätzlichkeit."[111] Ricœur wird häufig gegen den deutschen Philosophen Hegel gestellt (und in der Auslassung des Zitats geschieht genau das), der Gegensätze angeblich durch Synthese in eine Aufhebung zwinge. Im Projekt war die Spannung sehr produktiv, da sich der wissenschaftliche Leiter des ISÖ, Michael Opielka, als Hegelianer versteht.[112] Es ist hier, am Ende des Ergebnisberichts, kein Ort für feinsinnige philosophische Erörterungen, aber doch für eine Offenlegung des Wesentlichen. Eine Synthese, eine Aufhebung ist ein sehr komplizierter, in der Regel sehr konflikthafter Prozess. Für die marxistischen (Links-)Hegelianer entsteht Zukunft durch Revolutionen, die protestantischen (Rechts-)Hegelianer setzten dagegen auf göttliches Wirken im Zeitgeist. Für Hegel galt kaum anders als für Ricœur, dass wir genau hinschauen müssen.

Wenn Sie diesen Ergebnisbericht sorgfältig gelesen haben, dann werden Sie auf eine Neigung gestoßen sein, auf die wir durchaus stolz sind. Die Inhalte der Zukunftsreflexion werden nämlich nicht einfach so genommen, wie sie gesagt oder geschrieben werden. Partizipation, Stakeholder, Demokratie brauchen Interpreten, oder, wie es

---

[111] Leonard 2018
[112] Opielka 2006

Ricœur in einer beeindruckenden Studie über Sigmund Freud formulierte, Mitsuchende für ein „neues Reich der Wahrheit", das nur „durch die Erfindung einer Kunst des *Interpretierens*"[113]am Horizont, also in der beginnenden Zukunft erkennbar wird. Unser Ziel war also nicht die leichtfertige Behauptung noch so beeindruckender Zukunfts-Inhalte, sondern das sorgfältige Interpretieren der Spuren der Zukunft, wie sie durch die vielen Menschen sichtbar wurden, die sich am Projekt beteiligt haben.

Fazit

Die Ergebnisse des Projektes sind aus Trendanalysen abgeleitete Zukunftsszenarien, die in einem hoch partizipativen Prozess zu zunächst je zwei utopischen und dystopischen Szenarien, dann zu je einem utopischen (wünschenswerten) („Autonomie und Prävention in der Altenhilfe") und dystopischen (jedoch als wahrscheinlich gehaltenen) Szenario („Altenhilfe geprägt durch Individualisierung und Rückzug des Staates") verdichtet wurden. Bemerkenswert erscheint gleichwohl, dass ein kleiner Anteil der Befragten (ca. 10%) das dystopische Szenario begrüßte, ihnen erschien das Wahrscheinliche als wünschenswert. Im „Zukunftsmanifest" wurden daher operative Schritte hin zu einer wünschenswerten Zukunft formuliert, die nun mit Folgeprojekten in innovativen Gemeinden ausprobiert werden sollen. Ziel muss sein, dass das Feld der Altenhilfe künftig weit stärker als bisher gemeinwohlorientiert aufgestellt wird. Das Projekt konnte exemplarisch zeigen, dass dies dem Wunsch der weit überwiegenden Mehrheit der Bürgerinnen und Bürger entspricht.

---

[113] Ricœur 1969, S. 47

6 Ausblick und Empfehlungen zum weiteren Vorgehen

„Als besonders wichtig erscheint mir die im Projekt nachgewiesene Differenz der wünschbaren zur als realistisch eingeschätzten Antizipation. Daraus folgt die Erkenntnis der Pfadabhängigkeit von Entwicklungsprozessen, was wiederum zu der Idee kleiner lokaler Projekte führt, die aber über den regionalen Bezug hinaus kommunikativ wirken müssen. Damit sind weitere Wege der thematischen Bearbeitung ausgewiesen, die wir versuchen werden zu gehen. Von besonderer Bedeutung scheint mir, dass der durch das Projekt begonnene Diskurs immer auch gefährdet ist. Damit haben wir dafür zu sorgen, dass Gespräch über das gute Leben im Land weiter zu führen und darauf zu achten, dass es nicht ‚einschläft‘." (Dr. Johannes Peter Petersen, Mitglied der Steuerungsgruppe ZASH2045 sowie des Beirats von Seiten des Diakonischen Werks Schleswig-Holstein)

Das Projekt „Zukunftsszenario Altenhilfe Schleswig-Holstein 2030/2045" sollte erkunden, ob sich positive Zukunftspfade entdecken und entwickeln lassen. Das ist gelungen. Doch auch in Zukunftsforschung und Zukunftsgestaltung sieht man bisweilen den Wald vor lauter Bäumen nicht. Am Ende des Projekts erscheint daher eine Sicherung der komplexen Ergebnisse unverzichtbar. Für die Ergebnissicherung lassen sich dabei mehrere Ergebnisformen unterscheiden:

a) Die *wissenschaftlichen Ergebnisse*, für die die drei bereits genannten bisherigen Veröffentlichungen aus dem Projekt stehen und insbesondere der vorliegende Ergebnisbericht. Ergänzend treten Veröffentlichungen in Zeitschriften dazu.

b) Die *Ergebnisse für das Diakonische Werk selbst*. Hier produzierte der Bereich Presse und Medien wiederholt kurze Berichte, die in den Medienverteiler eingingen und nach Möglichkeit sowohl von Mitgliedsorganisationen des DW SH, aber auch im kirchlichen Zusammenhang Beachtung finden sollten.

c) Die *Ergebnisse für die allgemeine Öffentlichkeit, Partner (Gebietskörperschaften, andere Organisationen, auch Wohlfahrtsverbände) und die Politik im engeren Sinn*. Das Diakonische Werk hatte hier ausdrücklich Wert darauf gelegt, dass die Einladungen zu den Veranstaltungen (Zukunftswerkstätten, Zukunftskonferenz) auf die Laborregionen konzentriert werden bzw. nur sehr eingeschränkt erfolgen (Staatssekretärin, Oberbürgermeisterin). Abgeordnete wurden nicht ausdrücklich eingeladen, das Sozialministerium war jedoch mit mehreren ReferentInnen vertreten. Besonders die Präsentation auf dem Gemeindekongress diente dazu, Ergebnisse an die Vertreter aller Kommunen im Land zu kommunizieren.

d) Die *Ergebnisse der Diskussionen in den Ideenwerkstätten der Zukunftskonferenz und in den Zukunftstalks*, die auf der Spannung zwischen InnovationsrednerInnen und sogenannten GegenwartsrednerInnen basierten.

e) Das *Zukunftsmanifest* als zentrales inhaltliches Ergebnis des gesamten Projektprozesses.

f) Eine erste Zahl an *Kleinen Zukunftsprojekten* als Ergebnis der zweiten Zukunftswerkstatt in den Laborregionen. Sie wurden erstmals auf der Zukunftskonferenz präsentiert und werden durch die Unterstützung des Diakonischen Werks weiterverfolgt.

„ZASH2045 hat noch einmal deutlich gemacht, wie wichtig es ist, über den Tellerrand hinauszusehen. Wenn wir unsere Zukunft beeinflussen wollen, müssen wir heute schon damit beginnen. Mit dem Projekt haben wir Ziele gesteckt, die dem Wunsch der meisten Schleswig-HolsteinerInnen entsprechen. Ganz besonders hat sich hier das soziale Miteinander abgezeichnet. Um auf dem Land auch im Alter gut leben zu können, ist die gegenseitige Unterstützung der Generationen untereinander wichtig. Sie ist die Basis für das Gelingen von Bestrebungen zur Gestaltung unserer Lebenswelten." (Marlen Vogel, ZASH2045-Projektkoordinatorin auf Seiten des Diakonischen Werks Schleswig-Holstein)

Im Folgenden sollen weitere Gesichtspunkte zur Ergebnissicherung genannt werden, die vor allem im Auswertungsworkshop mit dem Projektbeirat erarbeitet wurden.

Eine große Herausforderung für jede Form der Zukunftsgestaltung bildet die individuelle und kollektive Neigung zu Verdrängung des Unangenehmen. Nachdenken über Zukunft ist aber immer Vorausdenken von Gegenwart. Die inhaltlichen Kernbotschaften des Projektes, vor allem die Spannung von Wünschenswertem und Wahrscheinlichem, müssen sehr ernst genommen werden. Im Zentrum steht dabei eine verantwortliche Pfadabhängigkeit („Ich habe die Verantwortung, wie sich meine Zukunft gestaltet").

Intensiv diskutiert wurde, ob der partizipative Prozess wirklich geeignet ist, um Zukunft zu beschreiben. Das funktioniert nicht leicht, weil es so unglaublich schwer erscheint die Zukunft positiv zu denken. Hölle malt man sich viel konkreter aus als etwas, was sein könnte; den Himmel auszumalen ist schwierig, das ist auch ein hermeneutisches Problem. Das Projekt zeigte deutlich, dass wir zugleich das Repräsentative und das Direktdemokratische als Gegenwind brauchen unterhalb von Eliten und Lobbyisten. Man muss Sicherheit haben, braucht dafür starke Institutionen. Die Balance von Partizipation und starken Institutionen ist delikat, doch unerlässlich.

„Jeder kann etwas geben. Und jeder wird den anderen brauchen. Wer meint, autark sein zu können und vielleicht tatsächlich ohne Hilfe auskommen kann, bedarf der Studienergebnisse nicht.

Es ist deutlich geworden, dass gutes Wissen voneinander unverzichtbar sein wird: Was brauchst Du, das ich Dir geben kann? Was brauche ich von Dir? Informationsvernetzung also.

Und aktive Begleitung der Prozesse. Vielschichtig werden diese sein und alles hat mit allem zu tun - Mobilität und technische Entwicklung, Gesundheit und Freizeitgestaltung, Wohnen und Grundsicherung der Bedürfnisse. Damit wir nicht den Faden verlieren oder uns in den verschiedenen Bedürfnissen verstricken: Es braucht den Überblick. Dazu gehört auch diese Selbstverständlichkeit: Das Rad muss nicht überall neu erfunden werden. Was sich bewährt hat, darf kopiert werden!

Unverzichtbar wird es in den nächsten Schritten sein, diejenigen einzubinden, die sich in den Orten und Regionen auskennen. Gutes Leben auf dem Lande braucht alle, die in der Vergangenheit unter Beweis gestellt haben, dass sie Verantwortung tragen können und auch künftig bereit sind, das zu tun! Gemeinsam. Und jeder an seiner Stelle." (Pastor Jörn Engler, Vorstand der Stiftung Diakoniewerk Kropp und Mitglied im Projektbeirat)

Der Pfad in eine wünschenswerte Zukunft wird nur gelingen, indem alle beteiligten Akteure (Stakeholder) gemeinwohlorientiert denken (wesentlicher Aspekt im Bereich Pflege). Man wird im Alter vulnerabel – das Risiko wird größer, wenn es dann keine Unterstützungssysteme gibt, wird es immer bedrohlicher. Als bedrohlich wird die Entwicklung von Pflege und Gesundheit zu einem Businessfeld wahrgenommen. Die großen privaten Pflegeketten scheinen kaum zu stoppen, auf Bundesebene ist dies bisher abgelehnt worden.

„Zufriedenheit, Wohlergehen und Glück haben viel damit zu tun, ob die Menschen sich in ihrem Wohnumfeld wohlfühlen und sich mit ihrem Wohnort identifizieren. Denn Wohnen umfasst auch die Nachbarschaft, Kontakte und Unterstützung, Versorgung, die gesamte Infrastruktur. Der demografische Wandel stellt viele ländliche Regionen vor große Herausforderungen. Das Projekt hat für mich aufgezeigt, dass diese Problematiken den meisten Menschen zwar bewusst sind aber gleichzeitig teilweise verdrängt werden bzw. eine gewisse Hilflosigkeit existiert. Dies spiegelt auch das Ergebnis wieder: Wunsch und befürchtete Realität. Neue bedarfsorientierte Lösungen müssen entwickelt und gefunden werden, um der schwindenden Versorgung in ländlichen Regionen entgegenzuwirken und um das Leben auf dem Land wieder attraktiver zu machen. Das Projekt zeigt einige Ideen und mögliche Schritte in diese Richtung auf. Entscheidend ist, dass das Thema ‚Demografischer Wandel' vor Ort zum Thema gemacht wird! Gemeinsam, um überall gut alt werden zu können." (Landrat Jan Peter Schröder Kreis Bad Segeberg und Mitglied des Projektbeirats)

Das Interesse zur Weiterverfolgung des Projektes ist groß. Initiativen vor Ort schafft man nicht von Anfang an. Ziel ist es daher Projekte und Akteure vor Ort ins Gespräch zu bringen. Erst danach folgen die konkrete Projektgestaltung und der Informationsaustausch auf zweiter Strukturebene. Ziel ist Vernetzung von konkreten Projekten, Vernetzung dabei nicht nur als best practice, sondern die konzeptionelle Zusammenbindung und −führung: einzelne Projekte sind Teil eines Großen und Ganzen, die Rückbindung an die große Vision des wünschenswerten Zukunftsszenarios, die dahinter steht. Die einzelnen Projekte stehen damit im Rahmen eines großen Projekts. Für die Weiterentwicklung und Übertragbarkeit von Projekten auf andere Regionen spielen in Schleswig-Holstein die AktivRegionen eine wichtige Rolle, so könnte beispielsweise der „Kümmerer" in Eiderstedt von der Diakonie auf weitere Regionen übertragen werden.

„Der Projektprozess war sowohl vom zeitlichen Rahmen als auch inhaltlich sehr gut gestaltet und wurde sehr gut vom ISÖ-Team begleitet. Jetzt geht es darum, die einzeln entwickelten Ziele in praktische Beispiele bzw. in einzelne Projekte umzusetzen, um eine Nachhaltigkeit zu erreichen. Im Bereich Nordfriesland geht es um Kooperationen für eine Daseinsvorsorge und ein Miteinander von Jung und Alt. Hier spielen die bereits vorhandenen ‚Dorfkümmerer' eine entscheidende Rolle. Die AktivRegion ist für Projektanregungen offen und sieht positiv in die Zukunft." (Claus Röhe, AktivRegion Südliches Nordfriesland und Mitglied des Projektbeirats)

Eine mögliche Idee wäre ein „Zukunftsdorf 2.0" und dessen möglichst vollständige Realisierung, nicht nur Insellösungen. Notwendig wäre, eine daran interessierte Gemeinde zu finden und politische und finanzielle Unterstützung zu mobilisieren. Dazu muss geklärt werden, was in dieser Gemeinde leistbar ist, man benötigt eine Datenbank von best practices (mit pro und contra).[114] Denkbar wäre auch ein Versorgungszentrum als Lösung – im Prinzip muss aus Gerechtigkeitsgründen in allen Gemeinden

---

[114]Ein interessantes Modell für die Vernetzung vorhandener Innovationen ist das „Landesbüro Altengerechte Quartiere.NRW" www.aq-nrw.de

alles gemacht werden können, aber eben nicht überall das Gleiche. Notwendig ist von Anfang an ein partizipativer Prozess.

„Mit dem Begriff des demografischen Wandels werden vielfältige Veränderungen in der Bevölkerung und im Zusammenleben in der Gesellschaft zusammengefasst: Die Lebenserwartung steigt, auf Grund niedriger Geburtenraten geht die Kinderzahl zurück, der Anteil älterer Menschen an der Gesamtbevölkerung erhöht sich, die Zahl der Menschen mit Migrationshintergrund nimmt zu. Die Abwanderung junger Menschen – der heute geforderten Flexibilität im Beruf geschuldet – verstärkt den Abwärtstrend vor allem in ländlichen Gemeinden. Die verbleibende Landbevölkerung ist zunehmend schlechter versorgt, denn weniger Menschen bedeuten auch weniger Nachfrage nach Waren, Dienstleistungen sowie Bildungs- und Kulturangeboten. Herkömmliche Versorgungsangebote wie Banken, Postfilialen und Arztpraxen können nicht mehr aufrechterhalten werden, kleine Lebensmittelläden – die als sozialer Treffpunkt dienten – müssen schließen. Last but not least wohnen immer mehr ältere Menschen ohne Familienangehörige in der Nähe. Trotz des medizinischen Fortschritts nehmen körperliche Einschränkungen im höheren Alter zu. Der Lebensalltag wird beschwerlicher. Das Projekt hat für mich u.a. aufgezeigt, dass die Menschen so lange wie möglich in der gewohnten Umgebung bleiben möchten. Es müssen die Voraussetzungen dafür geschaffen werden, dass ältere Menschen möglichst lange ein selbstbestimmtes Leben in einer bedarfsgerechten Infrastruktur führen können. Häusliche, ambulante Pflege in einem ‚smarten' Umfeld, unterstützt durch Telemedizin wird die Zukunft sein. Ein Dorfzentrum – und sei es auch klein – zur Versorgung, als Kommunikationszentrale, als soziale Anlaufstelle unterstützt durch qualifizierte Kümmerer ist notwendig. Die anstehenden Herausforderungen können nach meiner Erkenntnis aus dem Projekt nur gemeinschaftlich mit Politik, Ehrenamt, Verwaltung, Kirche, Verbände, freie Träge und Wirtschaft gemeistert werden. Dann wäre es möglich, dass das Wunschszenario Realität wird." (Thorsten Luckow,

Kreisverwaltung Segeberg, Büro für Chancengleichheit und Vielfalt und Mitglied des Projektbeirats)

„Das Projekt Zukunftsszenario Altenhilfe Schleswig-Holstein 2030/2045 hat gezeigt: Die Entwicklung ist steuerbar. Viele Akteure (Case und Care Mix) sind gefordert. Kommunale Strukturen und Initiativen genießen ein hohes Vertrauenspotential. Es gibt eine positive Lebenseinstellung im Blick auf das eigene Altwerden. Daseinsvorsorge für das Alter umfasst weit mehr als die Bereitstellung der Pflegeversorgung. Die Frage nach einem guten Altwerden ist eingebettet in die Frage nach guten Lebens- und Verwirklichungschancen auf dem Land. Die Herausforderungen werden eher durch soziale Vorsorge als individuelle Vorsorge bewältigt. Es gibt bereits Mikroprojekte mit Potential." (Landespastor Heiko Naß, Vorstand des Diakonischen Werks Schleswig-Holstein und Mitglied des Projektbeirats)

7 Literaturverzeichnis

Akademie für ländliche Räume, 2017: *Neue Nachbarn – Zusammenleben im ländlichen Raum. Expertise zu den Chancen und Handlungsansätzen für eine erfolgreiche Integration von Neueinwanderern in die ländlichen Räume Schleswig-Holsteins*. Flintbek: Akademie für die ländlichen Räume Schleswig-Holsteins

Baumfeld, Leo/Plicka, Petra, 2015: *Großgruppeninterventionen. Das Praxisbuch*. Wien: ÖAR-Regionalberatung.

Berlin-Institut für Bevölkerung und Entwicklung (Hrsg.), 2018: *Land mit Zukunft. Neue Ideen vom Runden Tisch*. Berlin: Berlin-Institut

Beyer, Ann-Kristin/Wurm, Susanne/Wolff, Julia K., 2017: *Älter werden – Gewinn oder Verlust? Individuelle Altersbilder und Altersdiskriminierung*, in: Mahne u.a. 2017, S. 329-343

Bortz, Jürgen/Döring, Nicola, 2006: *Forschungsmethoden und Evaluation*. Berlin/Heidelberg: Springer

Burow, Olaf Axel/Marschall, Stefan/Schulte, Dagmar/Taubken, Norbert, 2002: *Aktuelle und bewährte Konzepte zur Gestaltung und Moderation von Großgruppenveranstaltungen. Ein Wegweiser*. Bonn: Bundeszentrale für politische Bildung.

Bundeszentrale für politische Bildung - bpb, 2017: *Szenariotechnik, Szenariomethode*. Link: http://www.bpb.de/lernen/formate/methoden/62269/methodenkoffer-detailansicht?mid=275

Burmeister, Klaus/Fink, Alexander/Schulz-Montag, Beate/Steinmüller, Karlheinz, 2018: *Deutschland neu denken. Acht Szenarien für unsere Zukunft*. München: oekom

DAK, 2017: *Pflegereport 2017. Gutes Leben mit Demenz: Daten, Erfahrungen und Praxis*. Link: https://www.dak.de/dak/gesundheit/pflegereport-2017-1946356.html

Denninger, Tina/Dyk, Silke van/Lessenich, Stephan/Richter, Anna, 2014: *Leben im Ruhestand. Zur Neuverhandlung des Alters in der Aktivgesellschaft*. Bielefeld: transcript

Engstler, Heribert/Klaus, Daniela/Lejeune, Constanze/Mahne, Katharina/Spuling, Svenja/Wetzel, Martin u.a., 2015: *Deutscher Alterssurvey (DEAS). Instrumente der DEAS-Erhebung 2014*. Deutsches Zentrum für Altersfragen (DZA)

Gaßner, Robert, 2017: *Weniger Trendforschung, mehr diskursive Zielbildung*, in: Informationen zur Raumentwicklung, 5, S. 52-54

Gigerenzer, Gerd, 2013: *Risiko. Wie man die richtigen Entscheidungen trifft*. München: Bertelsmann

Garsoffky, Susanne/Sembach, Britta, 2017: *Der tiefe Riss. Wie Politik und Wirtschaft Eltern und Kinderlose gegeneinander ausspielen*. München: Pantheon

Gronemeyer, Reimer/Metzger, Jonas/Rothe, Verena/Schultz, Oliver, 2017: *Die fremde Seele ist ein dunkler Wald. Über den Umgang mit Demenz in Familien mit Migrationshintergrund*. Gießen: Psychosozial-Verlag.

Haubner, Tine, 2017: *Die Ausbeutung der sorgenden Gemeinschaft. Laienpflege in Deutschland*. Frankfurt: Campus

Kausmann, Corinna/Engstler, Heribert/Hameister, Nicole, 2016: *Deutscher Alterssurvey (DEAS): Codebuch des SUF DEAS 2014, Version 1.0.* Deutsches Zentrum für Altersfragen (DZA)

Klaus, Daniela/Engstler, Heribert, 2017: *Daten und Methoden des Deutschen Alterssurveys,* in: Mahne, Katherina/Wolff, Julia Katharina/Simonson, Julia/Tesch-Römer, Clemens (Hrsg.): *Altern im Wandel.* Wiesbaden: Springer, S. 29-45

Klie, Thomas, 2014: *Wen kümmern die Alten? Auf dem Weg in eine sorgende Gesellschaft.* München: Pattloch

Klie, Thomas/Schuhmacher, Birgit, 2009: *Wohngruppen in geteilter Verantwortung für Menschen mit Demenz. Das Freiburger Modell.* Unter Mitarbeit von Andreas Hils, Kerstin Goll und Markus Strauch. Hrsg. v. Bundesministerium für Gesundheit, Referat Öffentlichkeitsarbeit, Berlin. Online verfügbar unter https://www.bundesgesundheitsministerium.de/fileadmin/dateien/Publikationen/Pflege/Berichte/Bericht_Wohngruppen_in_geteilter_Verantwortung_fuer_Menschen_mit_Demenz_-_Das_Freiburger_Modell.pdf.

Klie, Thomas/Kruse, Andreas/Heinze, Rolf G., 2015: *Subsidiarität revisited. Zusammenfassung,* in: Sozialer Fortschritt, Jg. 64, 6, S. 131-138

Klie, Thomas, 2016: *DAK-Pflegereport 2016.* Hamburg: DAK Gesundheit

Kosow, Hannah/Gaßner, Robert, & Erdmann, Lorenz, 2008: *Methoden der Zukunfts- und Szenarioanalyse: Überblick, Bewertung und Auswahlkriterien.* Berlin: IZT

Laloux, Frederic, 2015: *Reinventing Organizations. Ein Leitfaden zur Gestaltung sinnstiftender Formen der Zusammenarbeit.* München: Vahlen

Lang, Frieder R./Lessenich, Stephan/Rothermund, Klaus, 2012: *Alter(n) als Zukunft. Zukunftsbezogene Altershandeln in kulturvergleichender Perspektive.* Antrag an die Volkswagenstiftung. Link: http://www.alternalszukunft.uni-jena.de/

Le Blanc, David, 2015: *Towards integration at last? The sustainable development goals as a network of targets.* DESA Working Paper No. 141, Department of Economic & Social Affairs: ST/ESA/2015/DWP/141

Leonard, Mark, 2018: *Der Alchemist. Emmanuel Macrons Auftritt in Washington folgt Ideen seines Lehrers Paul Ricœur,* in: *Süddeutsche Zeitung,* Nr. 97, 27.4.2018, S. 11

Mahne, Katharina/Wolff, Julia Katharina/Simonson, Julia/Tesch-Römer, Clemens (Hrsg.), 2017: *Altern im Wandel. Zwei Jahrzehnte Deutscher Alterssurvey (DEAS).* Wiesbaden: Springer VS

Opielka, Michael, 2006: *Gemeinschaft in Gesellschaft. Soziologie nach Hegel und Parsons,* 2. Aufl., Wiesbaden: Springer VS

Opielka, Michael, 2008: *Sozialpolitik. Grundlagen und vergleichende Perspektiven,* 2. Aufl., Reinbek: Rowohlt

Opielka, Michael, 2015: *Strukturprobleme der Finanzierung der sozialen Sicherheit aus sozialwissenschaftlicher Sicht. Das Grundeinkommen als zentrale sozialpolitische Innovation,* in: Masuch, Peter u.a. (Hrsg.), *Grundlagen und Herausforderungen des Sozialstaats. Denkschrift 60 Jahre Bundessozialgericht. Band 2,* Berlin: Erich Schmidt, S. 735-754

Opielka, Michael, 2017: *Soziale Nachhaltigkeit. Auf dem Weg zur Internalisierungsgesellschaft.* München: oekom

Opielka, Michael/Peter, Sophie, 2017a: *Zukunftsszenario Altenhilfe Schleswig-Holstein 2030/2045. ZASH2045 - Zwischenbericht,* ISÖ-Text 2017-1. Siegburg: ISÖ - Institut für Sozialökologie

Opielka, Michael/Peter, Sophie, 2017b: *Zukunftsszenario Altenhilfe Schleswig-Holstein 2030/2045. ZASH2045 - Auswertung der Onlinebeteiligung,* ISÖ-Text 2017-2. Siegburg: ISÖ - Institut für Sozialökologie

Opielka, Michael/Peter, Sophie, 2017c: *Zukunftsszenario Altenhilfe Schleswig-Holstein 2030/2045. Auswertung der Zukunftswerkstätten.* ISÖ-Text 2017-3. Siegburg: ISÖ – Institut für Sozialökologie

Opielka, Michael/Peter, Sophie/Schäfer, Erich, 2018: *Organisation der Zukunft. Eine Analyse des Projektes „Zukunftsszenario Altenhilfe Schleswig-Holstein 2030/2045 (ZASH2045)",* in: OrganisationsEntwicklung. Zeitschrift für Unternehmensentwicklung und Change Management, 37. Jg, 2 (im Erscheinen)

Peterson, Lindsey/Ralston, Margaret, 2017: *Valued elders or societal burden: Cross-national attitudes toward older adults,* in: International Sociology, Online-Vorabfassung, S. 1-24

Pinker, Steven, 2018: *Enlightenment Now. The Case for Reason, Science, Humanism and Progress.* London: Allen Lane

Ricœur, Paul, 1969: *Die Interpretation. Versuch über Freud.* Frankfurt: Suhrkamp

Ritchey, Tom, 1998: *General morphological analysis. In 16th euro conference on operational analysis.* Link: http://www.swemorph.com/pdf/gma.pdf

Rosa, Hartmut, 2018: *Resonanz. Eine Soziologie der Weltbeziehung.* Berlin: Suhrkamp

Rotzinger, Joachim/Stoffel, Marc, 2017: *Gelebte Demokratie,* in: *Harvard Business manager.* Edition 4, S. 64-71

Scharmer, C. Otto, 2009: *Theorie U. von der Zukunft her Führen.* Heidelberg: Carl-Auer

Scharmer, C. Otto/Käufer, Katrin, 2014: *Von der Zukunft her führen. Theorie U in der Praxis.* Heidelberg: Carl-Auer

Schäfer, Michael, o.J.: *Stichwort: Daseinsvorsorge,* in: *Gabler Wirtschaftslexikon,* Link: https://wirtschaftslexikon.gabler.de/definition/daseinsvorsorge-28469

Statistisches Bundesamt, 2015: *Pflegestatistik – Pflege im Rahmen der Pflegeversicherung – Deutschlandergebnisse.* Link: https://www.destatis.de/DE/Publikationen/Thematisch/Gesundheit/Pflege/PflegeDeutschlandergebnisse.html

Swart, Rob/Raskin, Paul/Robinson, John, 2004: *The problem of the future: sustainability science and scenario analysis,* in: Global Environmental Change, 14 (2), S. 137-146

Van Notten, Philip, 2006: *Scenario Development: a typology of approaches.* In: *Think Scenarios, Rethink Education.* OECD: Organisation for Economic Cooperation and Development

Wiest, Maja/Richter, Mareike/Krauel, Franziska/Mauer, Susanne/Henning, Georg/Lejeune, Constanze u.a., 2014: *German Ageing Survey, Deutscher Alterssurvey (DEAS). Documentation of instruments and variables 1996-2011.* Berlin: Deutsches Zentrum für Altersfragen (DZA)

ISÖ-Text 2017-1

Zukunftsszenario Altenhilfe
Schleswig-Holstein 2030/2045

ZASH2045 - Zwischenbericht

Michael Opielka / Sophie Peter

ISÖ – Institut für Sozialökologie gemeinnützige GmbH

ISÖ-Text 2017-2

Zukunftsszenario Altenhilfe
Schleswig-Holstein 2030/2045

Auswertung der Online-Beteiligung

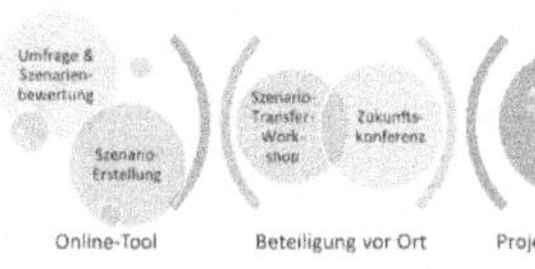

Michael Opielka / Sophie Peter

ISÖ – Institut für Sozialökologie gemeinnützige GmbH

ISÖ-Text 2017-3

Zukunftsszenario Altenhilfe
Schleswig-Holstein 2030/2045

Auswertung der Zukunftswerkstätten

Michael Opielka / Sophie Peter

ISÖ – Institut für Sozialökologie gemeinnützige GmbH

Download und Bestellung: http://www.isoe.org/veroeffentlichungen/isoe-text/

Impressum

ISÖ – Institut für Sozialökologie gemeinnützige GmbH

Tel.: +49 (0) 2241 1457073
Fax: +49 (0) 2241 1457039

Ringstraße 8
53721 Siegburg

Wissenschaftlicher Leiter und Geschäftsführer
Prof. Dr. habil. Michael Opielka

Förder- und Trägerverein
Sozialökologische Gesellschaft e.V. (gemeinnützig) - gegründet 1987

Mitgliedschaft
Mitglied der Arbeitsgemeinschaft Sozialwissenschaftlicher Institute e.V. (ASI)
Mitglied im Deutschen Verein für öffentliche und private Fürsorge

Homepage
www.isoe.org